Andrea Tornielli
Domenico Agasso Jr.

Conselhos de um Papa Amigo

Palavras do Papa Francisco que ajudam a viver melhor

Canção Nova
EDITORA

EDITORA
SANTUÁRIO

Editora Santuário
Direção editorial:
Pe. Fábio Evaristo Resende Silva, C.Ss.R.

Conselho editorial:
Pe. Ferdinando Mancilio, C.Ss.R.
Pe. Marlos Aurélio, C.Ss.R.
Pe. Mauro Vilela, C.Ss.R.
Pe. Victor Hugo Lapenta, C.Ss.R.

Coordenação editorial:
Ana Lúcia de Castro Leite

Tradução:
Maria Aparecida De Pieri Guarezi

Revisão:
Denis Faria

Diagramação:
Bruno Olivoto

Capa:
Rafael Domiciano

Editora Canção Nova
Direção geral:
Fábio Gonçalves Vieira

Título original: *Consigli di un Papa amigo. Le parole di papa Francesco che ci aiutano a vivere meglio*

Piazza Soncino, 5 – 20092 Cinisello Balsamo (Milão)
ISBN 978-88-922-1055-4

Dados Internacionais de Catalogação na Publicação (CIP)
(Câmara Brasileira do Livro, SP, Brasil)

Tornielli, Andrea
Conselhos de um Papa amigo: palavras do Papa Francisco que ajudam a viver melhor / Andrea Tornielli, Domenico Agasso Jr.; [tradução Maria Aparecida De Pieri Guarezi]. - Aparecida: Editora Santuário; Cachoeira Paulista: Canção Nova, 2017.

Título original: Consigli di un Papa amigo: le parole di Papa Francesco che ci aiutano a vivere meglio
ISBN 978-85-369-0509-9

1. Conselho de Pastoral Paroquial 2. Fé (Cristianismo) 3. Francisco, Papa, 1936- Mensagens 4. Papado - Ensino bíblico 5. Reflexões 6. Vida cristã I. Agasso Junior, Domenico. II. Título.

17-06201 CDD-262.2

Índices para catálogo sistemático:
1. Conselhos: Igreja Católica: Cristianismo 262.2

1ª impressão

Rua Pe. Claro Monteiro, 342 – 12570-000 – Aparecida-SP
Tel.: 12 3104-2000 – Televendas: 0800 - 16 00 04
www.editorasantuario.com.br
vendas@editorasantuario.com.br

Canção Nova
EDITORA

Rua João Paulo II, s/n - Alto da Bela Vista
Cachoeira Paulista-SP - Cep: 12630-000
Tel.: [55] (12) 3186-2600
E-mail: editora@cancaonova.com | loja.cancaonova.com
Twitter: @editoracn

INTRODUÇÃO

SUGESTÕES PARA VIVER MELHOR

Ao final do quarto ano do pontificado do papa Francisco, pode-se certamente afirmar que a "lua de mel" midiática, muito comum no início de um pontificado, tenha terminado. E, também, que a atenção dedicada pelos meios de comunicação ao Pontífice e à sua atividade, seja agora, determinada por motivações diferentes daquela novidade inicial.

Aliás, sites, blogs, artigos, tanto da Itália como de outras partes do mundo, comprovam que a "lua de mel" tenha terminado e, às vezes, não faltam duras críticas ao papa Francisco, em alguns casos, com debochadas invenções.

Um risco a ser registrado, olhando para estes primeiros quatro anos de pontificado, é o da banalização, das palavras e expressões transformadas em slogan, como se bastasse agregar algumas citações à "periferia" ou à "Igreja em saída" ao comum discurso ou ao comum projeto pastoral a fim de adequar-se ao novo percurso.

Tanto os caluniadores, principalmente os ligados à área conservadora e tradicional, quanto certos entusiastas "decodificadores" e intérpretes do pontificado, cometem, a nosso ver, o mesmo erro de visão: o de pré-julgar palavras e gestos do Papa segundo suas próprias ideias, procurando simplesmente confirmar o que já pensam, ensinam ou vivem. A consequência dessa atitude é a incapacidade de abrir-se minimamente à discussão.

Mas, deixando de lado o ambiente e círculos de autorreferências dos desinteressados da web, não se pode ignorar como Francisco, graças sobretudo a seu especial magistério cotidiano exercido por meio das homilias em Santa Marta, como também graças a tantos outros discursos e intervenções, continua a atrair a atenção de muitas, muitíssimas pessoas. Próximas na Fé, mas também distantes. Pessoas que reconhecem em sua mensagem e em seu testemunho pessoal não somente o traço de autenticidade e proximidade, como também características de simplicidade e de aplicabilidade à vida cotidiana de qualquer pessoa.

O livro que vocês têm em mãos nasce dessa última consideração. Em nosso trabalho jornalístico diário de cobrir as atividades de Francisco nos deparamos, muitas e muitas vezes, com dicas e conselhos também muito frequentes e concretos para a vida em família e no trabalho, sugestões para a vida espiritual, a oração e a relação com o outro.

Conselhos que brotam do coração de um pastor. Quando os jornalistas Sergio Rubin e Francesca Ambrogetti, os autores do livro-entrevista *El Jesuita*, perguntaram, ao então cardeal arcebispo de Buenos Aires, como poderia ele mesmo definir-se. O futuro Papa respondeu: "Jorge Bergoglio, padre". Para o Papa argentino nunca houve nesta vida nada mais belo que ser padre, exercer o ministério no meio do povo, administrar os sacramentos, acompanhar as pessoas, rezar com elas e por elas. Compartilhando alegrias e dores, momentos de dificuldade e ocasiões felizes. O padre que se doa a Deus entregando-se totalmente e sem reservas aos outros, é destinado a tornar-se um especialista em humanidade. Capaz de lançar um olhar inteligente sobre a família e sobre os problemas que a aflige. Capaz de dizer uma palavra para ajudar os pais a serem pais de verdade e os filhos a serem filhos de verdade.

Na homilia da sua primeira Missa Crismal, celebrada na Basílica de São Pedro, na Quinta-feira Santa de 2013, Francisco havia dito:

> O bom sacerdote é reconhecido pelo modo como se consagra a seu povo; esta é uma palavra clara. Isso se nota quando nossa gente é ungida com o óleo da felicidade: por exemplo, quando sai da Missa com o semblante de quem recebeu uma boa notícia. Nossa gente gosta do Evangelho pregado com dedicação, gosta quando o Evangelho que pregamos toca sua vida cotidiana, quando escorre como óleo de Araão até as bordas da realidade,

> quando ilumina as situações-limite, "a periferia" onde o povo fiel está mais exposto às invasões de quantos querem saquear sua fé. [...] As pessoas nos agradecem – continuava – porque sentem que pregamos de acordo com a realidade das suas vidas de todos os dias, suas dores e alegrias, suas angústias e esperanças. E quando sentem que por meio de nós chega até elas a fragrância do Ungido, de Cristo, sentem-se encorajadas a confiar-nos tudo aquilo que elas desejam que chegue ao Senhor: "reze por mim, padre, porque tenho este problema", "me abençoe, padre", "reze por mim", sou o sinal de que a bênção chegou à beira da túnica, porque se transformou em súplica, súplica do povo de Deus.

Na homilia da Missa Crismal do dia 28 de março de 2013, Francisco ainda observava:

> Quando temos esta relação com Deus e com seu Povo, e a Graça passa por meio de nós, aí somos sacerdotes, mediadores entre Deus e os homens. O que tento salientar é que devemos sempre reavivar a graça e intuir em cada pedido, às vezes até inadequados, às vezes puramente materiais ou até banais – mas só aparentemente – o desejo de nossa gente que é o de ser ungida com o óleo perfumado, porque sabe que nós o possuímos. Intuir e sentir, como o Senhor sentiu a angústia cheia de esperança da mulher, que padecia de um fluxo de sangue quando tocou a beirada de sua túnica.

Francisco estimulou os sacerdotes a não serem "tristes, padres tristes e transformados em um tipo de colecionadores de antiguidades ou até mesmo de novidades", pedindo-lhes que, em vez disso, sejam "pastores com 'o cheiro das ovelhas'", pastores "no meio do rebanho e pescadores de homens".

Não se pode ler o pontificado bergoliano sem esta chave de interpretação. Suas palavras, como também aquilo que acaba se tornando mais incômodo ou mais questionado e inquietante; seus gestos, os propósitos de suas viagens, suas audiências, sua agenda tão intensa, capaz de deixar em crise alguém de quarenta anos, só pode ser compreendido a partir do olhar do pastor que se deixa "ser absorvido" por seu povo. Que acompanha, abre portas, está sempre disponível, "unge" sua gente, sabe entrar na escuridão das pessoas, sabe até apoiar o próprio rosto nos que sofrem no corpo e no espírito, não desiste das tentativas de aproximar-se, de entrar em diálogo, de testemunhar o Evangelho. Não há pressa de obter tudo e de imediato. Que saiba ficar próximo das pessoas para que deem o passo que estão para completar, conscientes de que somente a Graça de Deus opera no coração, não a bravura do evangelizador.

> Aproximemo-nos das famílias que não frequentam a paróquia – havia dito o ainda cardeal Bergoglio em uma entrevista para o *Vatican Insider*, em março de 2012 –; ao invés de sermos uma Igreja que acolhe e recebe, procuremos ser uma Igreja que sai de si mesma e vai até os ho-

> mens e mulheres que não a frequentam, que não a conhecem, que têm se afastado dela, que são indiferentes. Organizemos algumas missões em praças públicas, aquelas em que se reúne muita gente: rezemos, celebremos a missa, ofereçamos o batismo que administramos após uma breve preparação. Este é o estilo de algumas paróquias e de algumas dioceses. Procuremos além isso atingir pessoas que estão distantes através dos meios digitais, da internet e das breves mensagens.

Nesse contexto, que os conselhos e as sugestões de Francisco para a vida cotidiana de um cristão sejam os de carregar sempre consigo, em sua bolsa, um pequeno Evangelho para ler algumas linhas todos os dias; ou o de marido e mulher nunca terminarem o dia sem se reconciliarem – são pequenos mas preciosos subsídios que certamente fazem torcer o nariz de magníficos super-especialistas teólogos habituados a criarem discursos profundos e pouco compreensíveis para explicar algo que é tão simples e que conforta muitos humildes fiéis.

Ao jovem Albino Luciani que frequentava o seminário, o pároco de Canale d'Agordo, padre Filippo Carli, deu este simples conselho, que o futuro Papa seguia pontualmente: "Albino, quando você pregar, lembre-se de que deve entender também até aquela humilde velhinha sentada na última fila", e que não estudou; a verdade sobre o amor, o convite para sermos humildes, o desapego do dinheiro e do poder, a renúncia às fofocas, comparadas a uma forma de terrorismo, e por que faz tão mal às vítimas do fofoqueiro... Muitos exemplos podem ser feitos extraindo do magistério do papa Bergoglio quase um manual de sobrevivência para a vida cotidiana da alma e do corpo. Eis o que escolhemos para vocês.

Conselhos de um Papa amigo

O AMOR, ANTES DE TUDO E SOBRETUDO

O sentimento verdadeiro é concreto, não o das novelas

Não se pode não partir do amor. Na base de tudo está o amor. Mas amor em que sentido, poderia se perguntar. Amor pelo próprio companheiro ou companheira de vida, pelos próprios filhos? Amor pelo próximo? Não importa, para papa Francisco. Porque a ação, o estado de ânimo do amor é somente um, e depois muda de acordo com a situação, do contexto, do "recebedor".

O Pontífice indica os dois elementos que "ajudam a distinguir o verdadeiro do não verdadeiro amor". Aqui estão.

O primeiro é que o amor está "mais nos fatos que nas palavras": não é "um amor de novela, uma fantasia"; não se trata de histórias que "nos fazem bater um pouco o coração, e nada mais". Ao contrário, está "nos fatos concretos". E o primeiro a dar o exemplo de amor concreto, o mais concreto que possa existir, é mesmo Deus, que enviou nada menos que "seu Filho... feito carne para nos salvar".

E o Filho de Deus "reprova: 'Nem todo aquele que me diz: *Senhor, Senhor!* entrará no Reino dos Céus; mas sim aquele que faz a vontade de meu Pai que está nos céus'" (cf. Mt 7,21). Na prática, portanto, o verdadeiro está "nas obras", e é "constante". Não é "um simples entusiasmo".

O Bispo de Roma reconhece que "muitas vezes é também doloroso: pensamos no amor de Jesus levando a cruz. Mas as obras do amor são as que Jesus nos ensina no trecho do capítulo 25 de São Mateus. Quem ama faz isso: o protocolo do juízo. Eu estava com fome, tu me deste de comer etc. Concretiza."

O outro critério do verdadeiro amor é que "se comunica, não permanece isolado. O amor dá de si mesmo e recebe, faz-se aquela comunicação que está entre o Pai e o Filho, uma comunicação" realizada pelo "Espírito Santo". Jorge Mario Bergoglio sublinha: "Não existe amor sem comunicação, não existe amor isolado".

O amor possui um "grande inimigo"

O verdadeiro amor não pode se isolar, porque assim não é amor, mas "egoísmo". E o egoísmo é exatamente o contrário, é o "grande inimigo" do amor, "porque nosso interesse nos atrai à não comunicação".

Francisco explica então o que acontecerá a quem orienta sua própria vida ao amor indicado pelo Senhor: "O que diz o Senhor daqueles que permanecerão em seu amor? 'Eu vos disse essas coisas para que a minha alegria esteja em vós e vossa alegria seja plena. Se vós permaneceis em meu amor, vossa alegria será plena': uma alegria que – reconhece o Papa – muitas vezes vem acompanhada da cruz. Mas aquela alegria, Jesus mesmo nos disse, ninguém vos poderá tirar".

Fontes:
Homilias na Casa Santa Marta, em 9 de janeiro
27 de junho de 2014 e 7 de maio de 2015.

AI DAQUELES QUE SE VANGLORIAM

"Você é vaidoso?
Tem osteoporose da alma?"

Papa Francisco ataca as "raízes do mal": o orgulho, a ganância e a arrogância, definida a pior das três.

O Evangelho descreve o rei Herodes inquieto porque, depois de ter matado São João Batista, sente-se ameaçado por Cristo.

Nossas duas inquietudes:
"A boa e a má"

Observa o Pontífice: "Existe em nossa alma a possibilidade de duas inquietudes: a boa, que é a inquietude" que "nos dá o Espírito Santo e faz com que a alma seja inquieta para fazer coisas boas"; e em seguida "a má inquietude, aquela que nasce de uma mente suja".

As pessoas "que fizeram muito mal, que fazem mal têm a mente suja e não vivem em paz, porque vivem com uma urticária contínua, uma coceira que não as deixa em paz... Estas pessoas fizeram o mal, mas o mal possui sempre a mesma raiz, qualquer mal: a ganância, vaidade e orgulho". Todas as três raízes "não deixam sua consciência em paz – adverte Papa Bergoglio – não deixam entrar a sã inquietude do Espírito Santo, mas as levam assim: inquietas, com medo. Ganância, vaidade e orgulho – sentencia – são a raiz de todos os males".

Não blefemos com nossa vida

A vaidade "não possui uma longa vida, porque é como uma bolha de sabão. A vaidade não nos dá um ganho verdadeiro. O que lucra o homem com tantas preocupações e cansaço? Preocupa-se para aparecer, para fingir, para parecer. Esta é a vaidade".

Evidencia o Papa: "Podemos dizer simplesmente: a vaidade significa maquiar a própria vida. E isso adoece a alma, porque uma pessoa maquia a própria vida para aparecer, para parecer, e tudo o que faz para fingir, por vaidade, mas no fim o que lucra? A vaidade é como uma osteoporose da alma: os ossos de fora parecem bons, mas dentro estão todos estragados". Em outras palavras, a vaidade "nos leva ao engano".

Insiste Francisco: assim como os trapaceadores "marcam as cartas" para vencer e depois "essa vitória é fingida, não é verdadeira. Isso é a vaidade: viver para fingir, viver para parecer, viver para aparecer. E isso inquieta a alma".

Que sentido há em contar vantagens, se depois seremos "pasto para os vermes"?

O Pontífice cita São Bernardo, que aos vaidosos diz: "Mas pensa no que tu serás. Serás pasto dos vermes. E maquiar a vida diante de tudo isso é uma mentira, porque os vermes vão comer-te e tu não serás nada". E depois, pergunta-se Francisco para reforçar, onde está a força da vaidade? "Não permitas que se veja um erro, cobre tudo, tudo se cobre".

Enfatiza de fato: "Quantas pessoas nós conhecemos que parecem... 'Mas que boa pessoa! Vai à Missa todos os domingos. Dá grandes ofertas à Igreja'. Isso é o que se vê, mas a osteoporose – afirma – é a corrupção que têm dentro. Existem pessoas assim – mas existem pessoas santas também! – que fazem isso".

Aqui está portanto a conclusão do que é a vaidade: "Faz você aparecer com uma falsa imagem, mas sua verdade é uma outra".

Então onde está "nossa força" para reagir e não sermos vítimas, a "segurança, nosso refúgio?": nas palavras de Jesus: 'Eu sou o caminho, a verdade e a vida'". Esta é "a verdade, não a maquiagem da vaidade. Que o Senhor nos livre dessas raízes de todos os males: a ganância, a vaidade e o orgulho. Mas sobretudo da vaidade, que nos faz tão mal".

Fontes:

Homilia na casa Santa Marta, em 22 de setembro de 2016.

RIQUEZAS E FAMA? SÃO "PEQUENAS COISAS QUE PASSAM" E PODEM NOS TORNAR FALIDOS

"Quem procura o sucesso sem pensar em Deus e na família é um falido"

Servir e seguir o Senhor, não quem oferece atrações que se revelam vazias ou sem nada. É o convite de papa Francisco. Em cada situação da vida, o cristão é chamado a escolher Deus e a não se deixar enganar por circunstâncias e âmbitos que o levam para longe dele. Escolher Deus, que é o bem, para não ser um falido, louvado pela massa, mas ao fim somente um adorador de "pequenas coisas que passam". O Pontífice faz essa afirmação baseando-se em uma passagem da Bíblia, na qual o Senhor diz a Moisés: "Olha: hoje coloco a tua frente a vida e o bem, a morte e o mal. Por isso te ordeno hoje que ames Javé, teu Deus, que andes em seus caminhos" (cf. Dt 30,15s).

E eis a escolha de Moisés, põe em evidência papa Bergoglio; é aquela que o cristão deve cumprir cada dia. E é uma decisão difícil: "É mais fácil – reconhece o Papa – viver deixando-se levar pela inércia da vida, das situações, dos hábitos"; é mais simples tornar-se servidor de "outros deuses". "Escolher entre Deus e outros deuses – continua – os que não têm o poder de nos dar nada, somente pequenas coisas que passam. E não é fácil escolher, nós possuímos sempre esse hábito de ir um pouco aonde vão as pessoas, um pouco como todos. Como todos. Todos e ninguém. E hoje a Igreja nos diz: 'Mas, para! Para e escolhe'. É um bom conselho. E hoje nos fará bem pararmos e durante todo o dia pensar um pouco: como é meu estilo de vida? Por quais estradas eu caminho?"

Junto a essa pergunta, o Pontífice nos chama a nos perguntarmos também qual é nossa relação com Deus, com Jesus; a relação com os pais, os irmãos, a esposa ou o marido, os filhos. Nesse momento, Francisco se concentra no fragmento do Evangelho, no qual Cristo explica aos discípulos que um homem "que ganha o mundo inteiro, mas perde ou destrói a si mesmo", não possui nenhuma "vantagem". Para o Papa "uma das estradas é a de procurar o próprio sucesso, os próprios bens, sem pensar no Senhor, sem pensar na família. Estas duas perguntas: como é minha relação com Deus?, Como é minha relação com a família? E uma pessoa pode ganhar tudo, mas por fim tornar-se um falido. Faliu. A vida é uma falência. 'Mas não, fizeram-lhe um monumento, pintaram-lhe um quadro...'. Mas você faliu – comenta com severidade o Pontífice – não soube escolher bem entre a vida e a morte".

Francisco convida a nos perguntarmos também qual é "a velocidade da minha vida", se "reflito sobre o que faço". Depois nos convoca para pedir ao Senhor a graça de ter aquela "pequena coragem" necessária para sempre escolhê-lo.

Uma boa ajuda é o "conselho muito bonito" do Salmo 1: "Feliz o homem que confia no Senhor". Quando o Senhor nos dá esse conselho – 'Para! Escolhe hoje, escolhe' – não nos deixa sozinhos. É conosco e nos quer ajudar. Somente nós devemos confiar, ter confiança nele. 'Santo é o homem que confia no Senhor'". No momento "no qual nós paramos para pensar nessas coisas e tomar decisões, escolher qualquer coisa, sabemos que o Senhor está conosco, está ao nosso lado, para nos ajudar. Jamais nos deixa ir sozinhos, jamais. Está sempre conosco. Também no momento da escolha está conosco".

Todos nós recebemos um "salário" vitalício. Isso nos oferece Jesus: o de sermos semelhantes a ele

Pedro pergunta a Cristo o que terão em troca os discípulos se o seguirem: papa Francisco se concentra nesse diálogo, que acontece depois que Jesus disse ao jovem rico para vender todos os seus bens e dar aos pobres. "É feio ver um cristão" que quer "seguir Deus e a vida mundana". O Papa esclarece que um cristão é chamado na vida a cumprir uma escolha radical, não pode existir "um cristianismo pela metade", não se pode ter o "céu e a terra".

O Filho de Deus dá uma resposta diferente à espera dos discípulos: não fala de riquezas, ao contrário promete a herança do Reino dos Céus "mas com perseguição, com a cruz". "Por isso – explica Francisco – quando um cristão é apegado aos bens, dá a má impressão de um cristão que quer ter duas coisas: o céu e a terra". E a pedra angular, justamente, é o que Jesus diz: a cruz, as perseguições. Isso quer dizer negar a si mesmo, sofrer todos os dias a cruz... Os discípulos tinham essa tentação, de seguir Jesus mas depois qual será o fim desse bom negócio?" Como não pensar "na mãe de Jacó e João" e na cena que se repete há milênios em quase todos os âmbitos da vida, em particular onde existe dinheiro, poder e fama: "Quando pediu a Jesus um lugar para os seus filhos: 'Ah, isso me fará primeiro ministro, e isso ministro da economia...', e colocou interesses mundanos a seguir Jesus".

Mas, depois "o coração desses discípulos foi purificado", até Pentecostes, quando "entenderam tudo".

A gratuidade ao seguir Jesus – continua – é a resposta à gratuidade do amor e da salvação que Jesus nos dá". Quando "se quer ir seja com Jesus, seja com o mundo, seja com a pobreza ou com a riqueza – adverte – isso é um cristianismo pela metade, que quer um ganho material. É o espírito da vida mundana".

Francisco orienta que para compreender tudo precisamos lembrar que Jesus anuncia que "os primeiros serão os últimos e os últimos serão os primeiros", ou seja "aquele que crê ou que é o maior" deve se tornar "servidor, o menor".

"Seguir Jesus do ponto de vista humano não é um bom negócio"; segui-lo "é servir. Assim fez Ele, e se o Senhor lhe dá a possibilidade de ser o primeiro, você deve se comportar como o último, isto é estar a serviço". E se Deus lhe dá a possiblidade de ter bens, "você deve se colocar a serviço, isto é, pelos outros".

Existem três degraus que nos afastam de Jesus: as riquezas, a vaidade e o orgulho. Por isso são tão perigosas, as riquezas, porque o levam rapidamente à vaidade e você acredita ser importante. E quando você acredita que é importante, sobe à sua cabeça e você se perde".

A estrada indicada por Deus é a do "despir-se", assim como Ele: "Quem é o primeiro dentre vocês que se faça servo de todos". "Este trabalho" com os discípulos, "tomou muito, muito tempo" de Cristo, "porque não entendiam bem". Portanto, nós também devemos lhe perguntar: "Pode nos ensinar este caminho, a arte de servir? Esta arte da humildade? Esta arte de sermos os últimos a servirmos os irmãos e as irmãs da Igreja?'"

O Papa convida a meditar sobre a "pergunta de Pedro. 'Deixamos tudo: como você nos pagará?'", e a pensar na resposta de Jesus. O valor que Ele nos dará é o de 'sermos semelhantes a Ele. Isso será o 'salário'". E é o "grande salário", sermos semelhantes a Jesus!".

Que riquezas acumular?
Aquelas válidas para a "bolsa do céu"

Os bens econômicos e patrimoniais "não dão segurança para sempre. Ao contrário, levam você para baixo em sua dignidade". E isso acontece "em família: muitas famílias são divididas. Esta ambição que destrói e corrompe está presente também na raiz das guerras. Neste mundo, neste momento, existem muitas guerras por desejo de poder". As riquezas que devem ser acumuladas são as que valem para a "bolsa do céu".

O Pontífice determina: as riquezas não são "como uma estátua", ou seja, paradas, quase sem influência sobre a vida de uma pessoa. Elas "têm a tendência de crescerem, de se moverem, de tomar o lugar na vida e no coração do homem". E se o ser humano se dedica principalmente ao acúmulo de bens materiais, as riquezas vão lhe invadir o coração, que se tornará "corrupto". Ao contrário, a dinâmica que conduz o coração à salvação é usar a riqueza que se tem "para o bem comum". O Papa baseia-se no fragmento do Evangelho no qual Cristo ensina aos discípulos: "Onde está o teu tesouro, lá estará o também o teu coração"; para depois adverti-los: "Não acumuleis a si mesmos tesouros sobre a terra, onde a traça e a ferrugem consomem e onde ladrões assaltam e roubam; acumulai para vocês tesouros no céu". Francisco reconhece que "na raiz" do acúmulo "existe o desejo da segurança", mas é alto o risco de persegui-lo somente para si mesmos e de tornarem-se escravos disso: "Pode-se pensar na guerra em nosso coração. 'Mantém-te longe de toda a ganância', assim diz o Senhor. Porque a ganância continua, e continua, e continua... é um degrau, abre a porta: em seguida vem a vaidade – acreditar ser importante, acreditar ser potente... – e, por fim, o orgulho. E dali todos os vícios, todos. São degraus, mas a primeira é esta: a ganância, a vontade de acumular riquezas".

Jorge Mario Bergoglio admite também que "acumular é uma característica do homem" e que "fazer as coisas e dominar o mundo é também uma missão"; e então "esta é a luta de todos os dias: como administrar bem as riquezas da terra, para que sejam orientadas ao Céu e se tornem riquezas do Céu".

Quando Deus "abençoa uma pessoa com as riquezas"; é como se a transformasse em "uma administradora daquelas riquezas"; um administrador "público", chamado para gerir estas posses "para o bem comum e para o bem de todos, não para o seu próprio bem". Mas não é fácil se tornar um honesto administrador, "porque sempre existe a tentação da ganância, do tornar-se importante. O mundo lhe ensina isso e nos leva por essa estrada". Ou seja, é necessário pensar nos outros, pensar que o que eu tenho está a serviço dos outros e que nada do que possuo poderei levar comigo". E se "eu uso o que o Senhor me deu para o bem comum como administrador, isso me santifica, irá me transformar em santo".

Ouvem-se frequentemente "muitas desculpas" das pessoas que passam a vida acumulando riquezas: Francisco convida a se perguntar "todos os dias: 'Onde está seu tesouro? Nas riquezas ou nessa administração, nesse estar a serviço pelo bem comum?'". Tudo isso é "difícil – esclarece – é como brincar com fogo!". Muitos tranquilizam "a própria consciência com a esmola e dão o que lhes resta". Mas não é uma ação de "administrador: o administrador dá aos outros, a serviço, tudo". Porque "administrar a riqueza é um despir-se continuamente do próprio interesse e não pensar que essas riquezas nos darão a salvação". Portanto acumular, sim, "está bem. Tesouros, sim, está bem: mas aqueles que têm valor – digamos assim – na 'bolsa do Céu'. Ali, acumular ali!"

Se a fé não chega aos bolsos, não é genuína

Se tiramos a pobreza do Evangelho, não se entende a mensagem de Jesus. Se a fé não chega aos bolsos, consequentemente, à disponibilidade para doar, não é genuína. O Papa comenta o trecho no qual se fala de São Paulo que organiza uma coleta na Igreja de Coríntios em favor da Igreja de Jerusalém que vive momentos difíceis de pobreza. Hoje, assim como no passado, a pobreza é uma palavra que nos deixa sempre confusos". Desta forma, ouve-se dizer: "Mas esse sacerdote fala muito de pobreza, esse bispo fala de pobreza, esse cristão, essa freira falam de pobreza... mas são um pouco comunistas, não?" Ou seja "a pobreza está no centro do Evangelho. Se nós tirássemos a pobreza do Evangelho, não se entenderia nada da mensagem de Jesus".

São Paulo, falando da Igreja de Coríntios esclarece qual é sua verdadeira riqueza: "Vocês são ricos em todas as coisas, na fé, na palavra, no conhecimento, em cada cuidado e na caridade que lhes ensinei". Assim, é a exortação do Apóstolo, "como vocês são ricos, sejam grandes também nesta obra generosa", nesta "coleta" a quem precisa. Se vocês têm tanta riqueza no coração, essa riqueza tão grande – o cuidado, a caridade, a Palavra de Deus, o conhecimento de Deus – façam com que essa riqueza chegue aos bolsos. E isso é uma regra de ouro" (cf. 2Cor 8, passim).

"Quando a fé não chega aos bolsos – determina o Papa – não é uma fé genuína. É a regra de ouro a que Paulo se refere: 'Vocês são ricos em tantas coisas, agora, sejam grandes nesta obra generosa'. Existe essa contraposição entre riqueza e pobreza. A Igreja de Jerusalém é pobre, está em dificuldade econômica, mas é rica, porque tem o tesouro do anúncio evangélico; deram-lhe a riqueza do Evangelho".

Vocês, continua Francisco retomando São Paulo, que "são ricos economicamente e que são ricos, com muitas coisas, eram pobres sem o anúncio do Evangelho, mas enriqueceram a Igreja de Jerusalém, aumentando o povo de Deus". "Da pobreza vem a riqueza – acrescenta – e vice-versa". Estamos portanto diante da fundamentação da "teologia da pobreza": "Rico como era Jesus Cristo – da riqueza de Deus – fez-se pobre", tornou-se inferior por nós. É o significado da santidade, "Felizes os pobres de espírito". Ou seja, "ser pobre é deixar-se enriquecer pela pobreza de Cristo e não querer ser rico com outras riquezas que não sejam as de Cristo".

"Quando nós damos ajuda aos pobres – afirma ainda Papa Bergoglio – não fazemos de modo cristão obras de beneficência. Isso é bom, é humano – as obras de beneficência são coisas boas e humanas – mas essa é a pobreza cristã, que quer Paulo, que prega Paulo. A pobreza cristã é que eu dou do que é meu e não do que é supérfluo, porém necessário, ao pobre, porque sei que ele me enriquece. E por que o pobre me enriquece? Porque Jesus disse que Ele mesmo está no pobre".

Quando me despojo de algo, "mas não somente do supérfluo, para dar a um pobre, a uma comunidade pobre", isso "me enriquece". "Jesus age em mim quando faço isso – evidencia – e Jesus age nele, para me enriquecer quando faço isso".

Fontes:
Audiência geral, em 23 de abril de 2014.
Homilias na Casa Santa Marta, em 19 de fevereiro de 2015, 5 de março de 2015, 25 de maio de 2015, 26 de maio de 2015, 16 de junho de 2015, 19 de junho de 2015, 21 de outubro de 2013, 20 de março de 2014, 20 de maio de 2014, 5 de abril de 2016.

VOCÊ PROCURA O PODER? ATENÇÃO, PORQUE PODE TERMINAR MAL

"Quantos poderosos terminam na miséria ou prisão"

Os tesouros sobre a terra "não nos dão segurança: vêm os ladrões". E se alguém pensa estar "seguro com os investimentos", o Papa adverte: "Talvez a bolsa quebre e você fique sem nada". As riquezas podem servir "para fazer coisas boas, levar a família a seguir em frente. Mas se você as acumula como um tesouro, roubam-lhe a alma!"

O Pontífice confirma que as verdadeiras riquezas são as que tornam o coração luminoso como a adoração a Deus e o amor pelo próximo. E depois nos adverte contra aqueles tesouros mundanos que "aprisionam" o coração.

Jesus adverte sobre três tesouros

Papa Bergoglio explica em quais "tesouros pensa Jesus": "Principalmente em três e sempre voltava ao mesmo argumento".

"O primeiro tesouro: o ouro, o dinheiro, as riquezas... 'mas não esteja certo disso porque, talvez, irão roubar de você, não?'; 'Não, estou certo dos investimentos!'; 'Talvez quebre a Bolsa e você fique sem nada! E, então, diga-me: um real a mais fará você mais feliz ou não?' As riquezas, tesouro perigoso, perigoso... Mas as riquezas são boas, servem para fazer muitas coisas boas, para levar a família a seguir em frente: isso é verdade! Mas se você as acumula como um tesouro, roubam-lhe a alma! Jesus, no Evangelho, volta a esse argumento, sobre as riquezas, sobre o perigo das riquezas, sobre ter esperanças com relação às riquezas."

O outro tesouro "é a vaidade: ter um prestígio, 'expor-se'. Francisco lembra: o Filho de Deus "sempre condena isso!"; basta pensar "no que diz os doutores da lei, quando fazem o jejum, quando dão esmola, quando rezam para se fazerem ver". A vaidade "não serve, termina".

Em seguida, vem o terceiro tesouro apontado pelo Papa: "O orgulho", "o poder". Sobre esse aspecto Francisco baseia-se na queda da – cruel – rainha Atalia mencionada na Bíblia (cf. 2Cr 22,2ss): "Seu grande poder durou sete anos, depois foi assassinada. O poder termina!" O Pontífice põe em evidência: "Quantos grandes homens e mulheres de poder, orgulhosos, terminaram no anonimato, na miséria ou na prisão". Por isso, melhor não acumular dinheiro, vaidade, orgulho, poder. Porque não servem".

Não aprisionemos o coração

Deus pede então aos homens para acumularem "tesouros no céu: aqui está a mensagem de Jesus: 'Mas se o teu tesouro está nas riquezas, na vaidade, no poder, no orgulho, teu coração será aprisionado ali! Teu coração será escravo das riquezas, da vaidade, do orgulho'. E o que Jesus quer é que nós tenhamos um coração livre!', diz-nos Jesus. Fala-nos da liberdade do coração. E pode-se ter um coração livre somente com os tesouros do céu: o amor, a paciência, estar a serviço dos outros, a adoração a Deus. Essas são as verdadeiras riquezas que não são roubadas. As outras riquezas pesam no coração. Pesam no coração: aprisionam-no, não lhe dão a liberdade!"

E um "coração escravo não é luminoso: será tenebroso". Os tesouros da terra "não nos dão alegria, mas sobretudo não nos dão liberdade". Ao contrário, "um coração livre é luminoso, ilumina os outros, faz ver a estrada que leva a Deus: um coração luminoso, que não é aprisionado, um coração que segue em frente e que também envelhece bem, porque envelhece como o bom vinho: quando o bom vinho envelhece é um bom vinho envelhecido. Então o coração que não é luminoso é como o vinho que não é bom: passa o tempo e se desgasta mais e se torna azedo.

Portanto "que o Senhor nos dê essa prudência espiritual para entender bem onde está meu coração, a qual tesouro meu coração está preso. E também nos dê a força de tirá-lo das correntes, se está aprisionado, para que se torne livre, luminoso e nos dê essa linda felicidade de filhos de Deus: a verdadeira liberdade".

Fontes:
Homilias na Casa de Santa Marta, em 20 de abril de 2015, 20 de junho de 2014, 11 de novembro de 2014.

SE FALAMOS MAL SOMOS COMO TERRORISTAS

A criminalidade das fofocas

O Pontífice determina o que é a fofoca: "É tirar a pele, fazer mal um ao outro". E, em seguida, denuncia: "As fofocas são destrutivas". O Papa argentino afirma que as fofocas "fazem muito mal à comunidade". 'Todo país é país'[1], quanto à tendência de falar mal das pessoas: "Ao invés de eu crescer, faço com que o outro seja mais baixo e me sinto grande. Isso não pode! Parece bom fofocar. Não sei por que, mas parece bom. A fofoca é assim. É doce no início e depois o destrói, destrói a alma! As fofocas são destrutivas".

---

[1] N.T.: do original em italiano 'tutto il mondo è paese', a expressão significa que independentemente da nação as pessoas têm muitas características em comum, que se assemelham nos instintos e nos cinco sentidos; as diferenças derivam do ambiente e da educação recebida.

Os três pecados de quem "fala mal": desinformação, difamação e calúnia

Mas como se apresenta a fofoca? Normalmente, "fazemos três coisas: a desinformação: contar somente a metade que nos convém e não a outra metade; não contamos a outra metade porque não é conveniente para nós. A segunda é a difamação: ou seja, quando uma pessoa realmente tem um defeito, fez algo de grave, e conta-a, 'faz-se de jornalista'. A fama dessa pessoa é destruída. E a terceira é a calúnia: dizer coisas que não são verdadeiras. Isso realmente mata o irmão!" Acrescenta: "Todas as três – desinformação, difamação e calúnia – são pecados! É como dar uma tapa em Jesus, em seus filhos, em seus irmãos".

A fofoca mata

Papa Bergoglio invoca – nada menos – a não "matar o próximo com a língua". Francisco toma as ações do texto evangélico que fala do encontro de Jesus com os próprios conterrâneos: os nazarenos admiram Cristo mas esperam dele algo de surpreendente: "Queriam um milagre, o espetáculo" para acreditar nele. Assim Jesus diz que eles não têm fé e "encheram-se de cólera... Levantaram-se e expulsaram Jesus da cidade. Levaram-no até o alto do monte sobre o qual estava edificada sua cidade, para o precipitarem de lá" (cf. Lc 4,29-30). "Mas vejam como mudou – observa – começaram com beleza, com admiração, e terminaram com um crime: querendo matar Jesus. Tudo isso por causa de ciúme, inveja, todas essas coisas... Isso não é algo que aconteceu há dois mil anos: isso acontece todos os dias em nosso coração, em nossas comunidades. Quando em uma comunidade se diz: 'Ah, que bom, isso parte de nós!' Começa-se a falar bem já no primeiro dia; no segundo, não tanto; e no terceiro começa-se a fofocar e terminam por tirar tudo da pessoa".

Sobre essa dinâmica sempre presente na vida do homem, a tagarelice em discursos inúteis, maldosos, invejosos, o fofoqueiro que acaba fazendo calúnias, o Papa diz: "Aqueles que, em uma comunidade, fazem fofocas sobre os irmãos, sobre os membros da comunidade, querem matar. Mas quantas vezes nossas comunidades, também nossa família, são um inferno, em que se administra essa criminalidade de matar o irmão, a irmã com a língua!" Ou seja, onde existe Deus não existem ódio e ciúme, portanto não devem existir aquelas fofocas que matam os irmãos.

Francisco fala da "criminalidade das fofocas". Comentando o Evangelho no qual cita a pergunta de Jesus: "Por que olhas o cisco que está no olho de teu irmão e não percebes a viga que encontras no teu?", volta a raciocinar sobre aqueles que "julgam o próximo". Palavras dirigidas a todos, que colocam todos em discussão, fotografando comportamentos dos quais não estão imunes os ambientes eclesiais. Jesus, depois de ter pregado a humildade, esclarece o contrário, sobre "aquele comportamento odioso ao próximo, do tornar-se juiz do irmão". Utilizando uma "palavra forte: hipócrita". "Aqueles que vivem julgando o próximo, falando mal do próximo – diz Francisco – são hipócritas, porque não têm a força, a coragem de olhar seus próprios defeitos. O Senhor não diz muitas palavras sobre isso. Depois dirá, mais adiante, que aquele que possui em seu coração um pouco de ódio contra o irmão é um homicida". Portanto, quando "julgamos intimamente os nossos irmãos ou pior, quando falamos aos outros o que escutamos somos cristãos homicidas". "Um cristão homicida... Não sou eu que digo, hein?, diz o Senhor – reafirma – E sobre isso, não há discussão. Se você fala mal do irmão, mata o irmão". "As fofocas – sustenta – sempre possuem essa dimensão quanto à criminalidade. Não existem fofocas inocentes". Em seguida, prossegue: qualquer um pode dizer que uma pessoa merece as fofocas, mas "vá, faça penitência por ela! E depois, se for necessário, fale àquela pessoa que pode remediar o problema. Mas não dizer a todos!"

As fofocas são "armas do diabo"

O apelo do Pontífice jesuíta é decisivo: "Não a invejas e fofocas, destroem as comunidades". Francisco convida os cristãos a não "caírem" em ciúmes e fofocas que "dividem". Essas são as "armas do diabo". O Papa baseia sua reflexão em um trecho bíblico que fala da vitória dos israelitas sobre os filisteus graças à coragem do jovem Davi. A alegria da vitória se transforma em pouco tempo em raiva e ciúmes pelo rei Saul, que vê as mulheres louvarem Davi por ter derrotado Golias. Eis que "aquela grande vitória – sublinha Francisco – começa a se tornar derrota no coração do rei" no qual se insinua o "verme do ciúme e da inveja". E como acontece a Caim com Abel, o Rei decide matar Davi. É isso o que "faz o ciúme em nossos corações – esclarece – é uma inquietude maldosa, que não tolera que um irmão ou uma irmã tenha algo que eu não tenha". E "o ciúme leva à morte – continua –, a inveja leva à morte. Foi justamente essa porta, a porta da inveja, pela qual o diabo entrou no mundo". Acontecem "duas coisas muito claras" a quem é ciumento e invejoso. A primeira é a amargura: "a pessoa invejosa, a pessoa ciumenta é uma pessoa amarga: não sabe cantar, não sabe louvar, não sabe o que é a alegria, sempre olha 'o que tem aquele e que eu não tenho'. E isso a leva à amargura, uma amargura que se difunde em toda a comunidade". O segundo comportamento são as fofocas: "Porque isso não tolera que uma pessoa tenha algo, a solução é rebaixar o outro, para que eu esteja em um nível mais alto. E o instrumento são as fofocas. Procure sempre e você verá que atrás de uma fofoca existe sempre ciúme e inveja".

Francisco admite: "eu também fui tentado a fofocar".

Fontes:
Homilias na Casa Santa Marta em 18 de maio de 2013, 2 de setembro de 2013, 13 de setembro de 2013, 23 de janeiro de 2014, 11 de abril de 2014, 27 de agosto de 2014.
12 de maio de 2014, encontro com seminaristas e jovens sacerdotes dos pontífices colegas das repúblicas de Roma.
7 de novembro de 2014, encontro com superiores dos religiosos italianos.
Cumprimentos natalícios aos colaboradores da Cúria, 22 de dezembro de 2014.

DENTRO DA IGREJA, SEMPRE E DE QUALQUER MANEIRA

É absurdo amar a Cristo e não à *Igreja*

Quantas vezes ouve-se dizer de amigos ou conhecidos, principalmente entre os jovens, que se acredita em Deus (ou talvez que se tem confiança em determinado padre, bispo ou papa), porém ao mesmo tempo não se dá crédito, valor e ouvido à Igreja e às suas hierarquias porque são incoerentes, pensam somente no poder e não no bem das pessoas. É verdade, existem figuras eclesiásticas hipócritas, fracas diante das tentações mundanas, também criminais. O Papa reconhece, admite, pede desculpas e reprova duramente os sacerdotes culpados de toda ordem e grau e adverte todos os homens da Igreja a serem muito atentos para não causarem escândalos e sim exemplos. Mas ao mesmo tempo Francisco elimina todos os possíveis equívocos: não tem sentido amar a Cristo e não à Igreja.

O Bispo de Roma determina as bases, três, sobre os quais se deve fundar a participação eclesial: humildade, fidelidade e oração. "O cristão não é um batizado que recebe o Batismo e depois segue sua estrada. O primeiro fruto do Batismo é fazer-se pertencer à Igreja, ao povo de Deus. Não se entende um cristão sem Igreja". Francisco cita Papa Montini: "Por isso o grande Paulo VI dizia que é uma dicotomia absurda amar a Cristo sem a Igreja; escutar Cristo mas não a Igreja; estar com Cristo à margem da Igreja. Não se pode. É uma dicotomia absurda. Nós recebemos a mensagem evangélica na Igreja e fazemos nossa santidade na Igreja, nossa estrada na Igreja. O contrário disso é uma fantasia ou, como dizia ele, uma dicotomia absurda".

O *sensus ecclesiae* – acrescenta – é "realmente o ouvir, pensar, querer, dentro da Igreja".

E existem "três pilastras dessa participação, desse ouvir com a Igreja". O primeiro é "a humildade": "Uma pessoa que não é humilde, não pode ouvir a Igreja, ouvirá somente o que ele ou ela gosta". É fundamental ter a consciência de que "a história da salvação não começou comigo e não terminará quando eu morrer. Não, é toda uma história de salvação: eu venho, o Senhor o toma, faz você seguir em frente e depois o chama e a história continua. A história da Igreja começou antes de nós e continuará depois de nós. Humildade: somos uma pequena parte de um grande povo, que segue a estrada do Senhor".

Em seguida, vem a fidelidade, "que é ligada à obediência": "Fidelidade à Igreja, a seu ensinamento; fidelidade ao Creio; fidelidade à doutrina, cuidar dessa doutrina. Humildade e fidelidade". O Pontífice fala novamente de Paulo VI: "Lembrava-nos que nós recebemos a mensagem do Evangelho como um dom e devemos transmiti-lo como um dom, mas não como uma coisa nossa: é um dom recebido e que doamos. E nessa transmissão devemos ser fiéis. Porque nós recebemos e devemos dar um Evangelho que não é nosso, que é de Jesus, e não devemos – dizia Ele – tornar-nos patrões do Evangelho, donos da doutrina recebida, para utilizá-la para nosso prazer".

Por fim, a terceira pilastra é "rezar pela Igreja". "Como vai nossa oração pela Igreja? – pergunta – Rezamos pela Igreja? Na Missa todos os dias, mas em casa, não? Quando fazemos nossas orações?"

Estar dentro da Igreja, Não "parar na recepção"

Os cristãos devem sentir-se parte da Igreja, sem pararem "na recepção". São chamados a "entrar", a fim de que "o espírito habite neles". E a Igreja, além disso, quem "a faz é Jesus", que não olha o pecado do homem mas seu coração, que o procura para curá-lo. Cristo fez o "trabalho" dois mil anos atrás, quando escolheu doze colunas para construir a Igreja sobre elas e colocando a si mesmo como "base" e "pedra angular". Em seguida, escancarou as portas daquela Igreja para qualquer pessoa, sem distinção, porque para o Filho de Deus interessa amar e cuidar dos corações, não misturar os pecados. Principalmente, o Papa chama atenção às ações que distinguem a fundação da Igreja. Jesus que se retira em oração, em seguida, desce, vai em direção aos discípulos, escolhe doze e contemporaneamente acolhe e cuida de quem procura também somente tocá-lo: "Jesus reza, Jesus chama, Jesus escolhe, Jesus envia os discípulos, Jesus cuida da multidão. Dentro desse templo, este Jesus que é a pedra angular faz todo o trabalho: é Ele quem leva adiante a Igreja assim. Como dizia Paulo, esta Igreja é edificada sobre a fundação dos Apóstolos. Isso o que Ele escolheu, aqui, totaliza doze. Todos pecadores, todos. Judas não era o maior pecador: não sei quem poderia ter sido o maior pecador... Judas, pobre coitado, é aquele que se fechou ao amor e por isso tornou-se traidor. Mas todos escaparam no momento difícil da Paixão e deixaram Jesus sozinho. Todos são pecadores. Mas Ele, escolheu".

Jesus nos quer "dentro" da Igreja não como hóspedes ou estrangeiros, mas "com o direito de um cidadão". Na Igreja, insiste, não estamos de passagem, somos raízes ali. Nossa vida está ali. "Nós somos cidadãos – sustenta Francisco – concidadãos dessa Igreja. Se nós não entramos nesse templo e fazemos parte dessa construção a fim de que o Espírito Santo habite em nós, nós não estamos na Igreja. Nós estamos na porta e olhamos: 'Mas, que bonito... sim, isso é bonito...'. Cristãos que não passam além da recepção da Igreja: ficam ali, na porta... 'Mas sim, sou católico, sim, mas muito não... assim...'".

Um modo de se comportar, esse, que não tem sentido a respeito do amor e da misericórdia de modo total que Jesus nutre por todos nós. A demonstração está no comportamento de Cristo nos confrontos de Pedro, que foi colocado como líder da Igreja. E então, mesmo que a primeira das colunas renegue, traia Jesus, Jesus responde perdoando-a e conservando-a em seu lugar: "Para Jesus não importou o pecado de Pedro: procurava o coração. Mas para encontrar esse coração e para curá-lo, rezou. Jesus que reza e Jesus que cuida, também de nós". E nós não podemos entender a Igreja "sem este Jesus que reza e este Jesus que cuida".

Fontes:
Homilias na Casa Santa Marta, em 30 de janeiro de 2014 e 28 de outubro de 2014.

CONFESSEMOS OS PECADOS. COMO? APRENDAMOS DESDE CRIANÇAS

"Também o papa é um pecador e se confessa a cada 15 dias"

Um esclarecimento do qual não podemos prescindir: "Precisamos lembrar que o protagonista do perdão dos pecados é o Espírito Santo. Ele é o protagonista! Em sua primeira aparição aos Apóstolos, no cenáculo... Jesus ressuscitado fez o gesto de soprar sobre eles dizendo: 'Recebei o Espírito Santo; àqueles a quem perdoardes os pecados, ser-lhes-ão perdoados; e àqueles a quem os retiverdes, ser-lhes-ão retidos'". Francisco declara: "Jesus dá aos Apóstolos o poder de perdoar os pecados". Esta parte "é um tanto difícil": é complexo "entender como um homem pode perdoar os pecados.

Jesus dá o poder. A Igreja é depositária das chaves: tanto para abrir quanto para fechar, de perdoar. Deus perdoa a cada homem em sua soberana misericórdia". Assim, muitos se perguntam, não nos basta pedir diretamente a Ele o perdão sem ficar em uma fila de confessionário, para recebê-lo de um padre que, talvez, não saibamos quem é e que provavelmente não consegue captar as nuances de nossa vida? O Papa explica: o Senhor "mesmo quis que todos os que pertencem a Cristo, e à sua Igreja, recebam o perdão diante do ministro da comunidade".

A Igreja acolhe oferecendo o perdão

O Pontífice adverte: A Igreja não é dona "do poder da chave: é serva do ministério da misericórdia e acolhe todas as vezes que pode oferecer este divino dom".

O Papa observa que, talvez, muitas pessoas não entendam a dimensão eclesial do perdão. A causa disso é a dominação do individualismo, "o subjetivismo, e também nós cristãos percebemos isso. É verdade, Deus perdoa cada pecador arrependido, pessoalmente, mas o cristão é ligado a Cristo, e Cristo é unido à Igreja. E para nós cristãos há um dom a mais: passar humildemente pelo ministério eclesial". E "devemos valorizar isso!", exorta o Papa. É um dom, e também uma cura, é uma proteção e também "a segurança daquilo que sempre dizemos: 'Deus sempre nos perdoa! Não para de perdoar!'"

"Não nos cansemos de pedir perdão!"

Francisco repete continuamente o apelo: "Nós não devemos nos cansar de pedir perdão. 'Mas, padre, me dá vergonha dizer os meus pecados...' 'Mas, olhe, nossas mães, nossas mulheres diziam que é melhor ficar com a cara vermelha uma vez e não mil vezes amarela!'", e, sorrindo, disse: "E você, fica com a cara vermelha uma vez, perdoe os seus pecados e vai em frente".

O perdão de Deus é dado na Igreja, é transmitido por meio do ministério "de um irmão nosso, o sacerdote", o qual, também ele, é "um homem que como nós tem necessidade de misericórdia". De fato, até mesmo os padres "devem confessar-se, também os bispos: todos somos pecadores". E "também o Papa se confessa a cada quinze dias, porque o Papa também é um pecador! E o confessor ouve as coisas como eu lhes digo, e me aconselha e me perdoa, porque todos precisamos deste perdão".

Fontes:
Audiência geral em 20 de novembro de 2013.
Homilias na Casa Santa Marta em 25 de outubro de 2013, 3 de junho de 2014 e 7 de outubro de 2014.

PECADORES, SIM, MAS NUNCA CORRUPTOS!

A corrupção é como dar de comer aos filhos um pão sujo[2]

A corrupção anula a dignidade. O Pontífice reflete sobre o fato de tantos jovens receberem dos pais "pão sujo", ou seja, lucros originados de subornos e corrupções, e precisam de dignidade porque o trabalho desonesto a elimina.

Francisco parte da parábola do administrador desonesto (cf. Lc 16,1-9) para falar "do espírito do mundo, da mundanidade" de "como atua essa mundanidade e do quanto é perigosa". O filho de Deus "rezava ao Pai para que seus discípulos não caíssem na mundanidade".

"É o inimigo – disse o Papa – quando nós pensamos em nossos inimigos, na verdade pensamos primeiramente no demônio, porque é aquele que nos faz mal. A

[2] N.T.: a expressão em italiano 'pane sporco' literalmente traduzida como 'pão sujo' na verdade corresponde a um pão adquirido de modo desonesto.

atmosfera, o estilo de vida agradam muito ao demônio e a esta mundanidade: viver segundo os valores – entre aspas – do mundo. E este administrador é um exemplo de mundanidade." O Pontífice observa que "algum de vocês poderá dizer: 'Mas este homem[3] fez o que todos fazem!' Mas todos, não! Alguns administradores, administradores de empresas; administradores públicos; alguns administradores do governo... Talvez não sejam tantos. Mas é um pouco daquela atitude do caminho mais curto, mais cômodo para ganhar a vida".

É inútil educar os filhos em colégios caros se depois lhes damos lixo como alimento

O patrão, na parábola, elogia o administrador desonesto por sua astúcia: "Ah, sim, este é um elogio ao suborno! E o costume do suborno é um costume mundano e altamente pecaminoso. É um costume que não vem de Deus: Deus nos ordenou levar para casa o pão do trabalho honesto!"; ao contrário "este homem, administrador, levava-o, mas como? Dava de comer a seus filhos um *pão sujo*!". Aqui se está a passagem aos filhos, "talvez educados em colégios caros, talvez crescidos em ambientes cultos, e que tenham recebido lixo de seus pais como alimento, porque seus pais trazendo *pão sujo* para casa, perderam a dignidade! E isto é um pecado grave! Porque se começa, talvez, com um pequeno suborno, mas é como droga, isso sim!"

[3] N.A.: O patrão do qual fala a parábola.

É assim que a prática de subornos vira dependência. Mas sei que há uma "astúcia mundana", acrescenta, há também "astúcia cristã, de fazer as coisas com um pouco de arbítrio... não com o espírito do mundo", mas honestamente.

Francisco explica que tudo o que diz Jesus quando nos convida a sermos astutos como a serpente e simples como a pomba: unir estas duas dimensões, argumenta o Papa, "é uma Graça do Espírito Santo", um dom a ser pedido.

O papa Bergoglio cita "aquele outro do Evangelho que tinha tantos celeiros, tantos silos recheados e não sabia o que fazer: 'Esta noite deverás morrer', disse o Senhor. Esta pobre gente que perdeu a dignidade na prática dos subornos carrega consigo não somente o dinheiro que ganhou, mas a falta de dignidade!"

Fontes:
Homilia na Casa Santa Marta, em 8 de novembro de 2013, 11 de novembro de 2013 e 9 de junho de 2014.

POSSUÍMOS UM "JARDIM", O MUNDO. VAMOS SOCORRÊ-LO.

Cuidar da Criação não é tarefa "dos verdes", mas dos cristãos.

O homem é o "senhor" da natureza, não seu "dono". Os cristãos são chamados a responder ao dom do amor de Deus, o universo, cuidando dele. O Senhor cria o universo, mas sua obra não termina, "Ele, continuamente, ampara o que criou".

As duas criações de Jesus

O Papa analisa o cântico do Gênesis que fala sobre a criação do universo. E no Evangelho se encontra "a outra criação de Deus", "a de Jesus, que re-cria o que o pecado destruiu".

Cristo está no meio do povo, e "todos que o tocavam eram salvos": aqui está, "a recriação". "Esta 'segunda criação' – reforça Francisco – é mais maravilhosa que a primeira; este segundo trabalho é mais maravilhoso", pois há "um outro trabalho": "a perseverança na fé, implementada pelo Espírito Santo: Deus trabalha, continua a trabalhar e nós podemos nos perguntar como devemos responder a esta criação de Deus, que nasce do amor". À 'primeira criação' devemos responder com a responsabilidade que o Senhor nos dá: 'A Terra é de vocês, levem-na adiante; dominem-na; façam-na crescer'. Também é responsabilidade nossa fazer crescer a Terra, fazer crescer a Criação, cuidar dela e fazê-la crescer segundo suas leis. Nós somos senhores da Criação, não donos".

Não sejamos donos da natureza, mas a façamos crescer

Papa Bergoglio, que publicou uma encíclica dedicada à ecologia, *Laudato si'*, adverte que é preciso ter "cuidado para não se achar donos da Criação, mas de fazê-la ir adiante, fiéis às suas leis". Então "esta é a primeira resposta ao trabalho de Deus: trabalhar para cuidar da Criação".

"Quando nós ouvimos que as pessoas fazem reuniões para pensar em como cuidar da Criação – continua – podemos dizer: 'Mas, não, estes são os verdes!' Não, não são os verdes! Isto é ser cristão! É a nossa resposta à 'primeira criação' de Deus. É a nossa responsabilidade". Um cristão que não cuida da Criação, que não a faz crescer, é um cristão para o qual não importa "o trabalho de Deus, o trabalho nascido do amor de Deus por nós. E esta é a primeira resposta à primeira criação: cuidar da Criação, fazê-la crescer".

O Papa pergunta-se como responder "à segunda criação", e cita São Paulo, que pede para deixar-se "reconciliar-se com Deus", "caminhar na estrada da reconciliação interior, da reconciliação comunitária, porque a reconciliação é obra de Cristo". E, referindo-se ainda ao Apóstolo do povo, Francisco convida a não entristecer o Espírito Santo que está em cada um e trabalha dentro do homem.

Em seguida, acrescenta: "Cremos em um Deus pessoal", "é pessoa Pai, pessoa Filho e pessoa Espírito Santo. E todos os três estão envolvidos nesta criação, nesta re-criação, nesta perseverança na re-criação". E a Todos os Três se responde: "Cuidar e fazer crescer a Criação, deixar-se reconciliar com Jesus, com Deus em Jesus, em Cristo, a cada dia, e não entristecer o Espírito Santo, e não mandá-lo embora: ele é hóspede do nosso coração, aquele que nos acompanha, que nos faz crescer".

Fontes:

Angelus em 9 de fevereiro de 2014.

Homilia na Casa Santa Marta em 9 de fevereiro de 2015.

Homilia de Pentecostes, 24 de maio de 2015.

VOCÊ É CRISTÃO? ENTÃO VOCÊ É CHAMADO À ALEGRIA

"Os cristãos são cordeiros e não lobos.
Cordeiros, não ignorantes"

O Pontífice se inspira nas figuras dos grandes evangelizadores da Europa para meditar sobre a identidade do cristão, e refletindo sobre os Atos dos Apóstolos esclarece que o cristão é "enviado". Deus manda seus discípulos, solicita-lhes a irem em frente: "E isso significa que o cristão é um discípulo do Senhor que caminha, que vai sempre em frente".

"Não se pode pensar em um cristão parado – afirma Bergoglio – um cristão parado fica doente, em sua identidade cristã, tem alguma doença naquela identidade". O cristão é discípulo para caminhar, para ir. Deus exorta a sair pelo mundo para proclamar o Evangelho. Desta forma: "uma primeira postura da identidade cristã é caminhar, e caminhar mesmo que existam dificuldades, ir além das dificuldades".

Jesus, lembra o Papa, encoraja "a ir às encruzilhadas das estradas" e a convidar "todos, bons e maldosos". Assim diz o Evangelho, sublinha Bergoglio: "Também os maldosos! Todos". O cristão, portanto, "caminha" e, "se existem dificuldades, vai além, para anunciar que o Reino de Deus está próximo".

Um segundo elemento da identidade do cristão "é que deve permanecer sempre cordeiro". "É um cordeiro – confirmou – e deve conservar esta identidade". Deus envia os cristãos "como cordeiros no meio dos lobos" (cf. Mt 10,16). Porém, questiona-se o Papa, qualquer um pode sugerir usar a "força contra eles".

"Como cordeiros – determina o Papa –. Não se transformem em lobos... Porque, às vezes, a tentação nos faz pensar: 'mas isso é difícil, esses lobos são espertos e eu serei mais esperto ainda que eles, sim?' Cordeiro. Não ignorante, mas cordeiro" – determina. "Cordeiro. Com astúcia cristã, mas cordeiro sempre. Porque se você é cordeiro, Ele o defende. Mas se você se sente forte como o lobo, Ele não o defende, deixa-o sozinho, e os lobos o comerão cru. Como "cordeiro".

O terceiro aspecto da identidade cristã é o "estilo do cristão": que consiste na "alegria". Os cristãos "são pessoas que exultam porque conhecem o Senhor e levam o Senhor consigo". Então "nos problemas, também nas dificuldades, também nos próprios erros e pecados existe a alegria de Jesus que sempre perdoa e ajuda".

A palavra de Deus "deve ser passada adiante", levada "por esses cordeiros enviados pelo Senhor que caminha, com alegria".

Não nos lamentemos de tudo, mas cantemos e caminhemos

"Não fazem um favor ao Senhor nem à Igreja – continua – aqueles cristãos que têm um tempo de discurso-lastimoso que vivem sempre assim, reclamando de tudo, tristes... Esse não é o estilo do discípulo". Francisco cita Santo Agostinho, que "diz aos cristãos: 'vá, vá em frente, canta e caminha!' Com alegria: é esse o estilo do cristão. Anunciar o Evangelho com alegria. E o Senhor faz tudo". Ou seja, muita tristeza assim como a amargura nos leva a viver um cristianismo sem Cristo: a Cruz esvazia os cristãos que estão diante do Sepulcro chorando, como Madalena, mas sem a alegria de ter encontrado o Ressuscitado".

Todas as noites, cinco Pai-nossos

Papa Francisco dá também um conselho prático, por meio de uma confidência: "À noite, antes de dormir, faço esta breve oração: Senhor, se quiseres podes me purificar, e rezo cinco pai-nossos, um para cada chaga de Jesus, porque Jesus nos purificou com as chagas", ou seja, as feridas sofridas com a crucificação. Isso "Sou eu quem faço, vocês podem fazem também em suas casas e pensar nas chagas de Jesus e dizer um pai-nosso para cada uma: e Jesus sempre nos escuta".

Temos dúvidas de fé?
É normal, o Papa também tem

"Muitas vezes me encontro em crise com a fé, às vezes tive" a audácia de "reprovar Jesus e também de duvidar", mas para um "cristão que não ouviu isso, algumas vezes parece que falta algo". Não revela "um qualquer", mas um Papa. Papa Francisco. O que diz Jesus "será verdade? Mas será que é um sonho?", pergunta-se frequentemente. Acontece-lhe isso "enquanto jovem, seminarista, religioso, padre, bispo e também Papa". Essas dúvidas não são um mal, não devem assustar. Ao contrário: para "um cristão que não ouviu algumas vezes isso", um cristão cuja "fé não entrou em crise, falta algo". A esse propósito, o Papa acrescenta: "Não conheço o chinês, tenho muita dificuldade com a língua. Disseram-me que se fazem dois ideogramas com a palavra crise: risco e oportunidade".

"Quem de nós – todos, todos! – quem de nós não experimentou inseguranças, perdas e até dúvidas no caminho da fé? – pontua o Papa – Todos! Todos experimentamos isso: eu também. Todos. Faz parte do caminho da fé, faz parte de nossa vida. Tudo isso não nos deve assustar, porque somos seres humanos, marcados por fragilidade e limites. Todos nós somos frágeis, todos nós temos limites: não se assustem. Todos nós temos isso!" Até Santa Madre Teresa de Calcutá, "a mulher que o mundo louvava, Prêmio Nobel! Mas ela sabia que em um longo momento de sua vida havia somente a escuridão dentro de si".

Todavia, mesmo como fez a Santa de Calcutá, nesses momentos "difíceis é necessário confiar na ajuda de Deus, diante da oração filial, e, ao mesmo tempo, é importante encontrar a coragem e a humildade de se abrir aos outros para pedir ajuda, para pedir uma mão: 'Me dê uma mão, tenho esse problema'".

Portanto, nada de medo se nos acontecer de viver uma crise de fé!

Não aos "cristãos morcegos"

Há cristãos que paradoxalmente têm medo da Ressurreição e da alegria que ela cria. E assim sua existência parece um funeral. Em todo caso, Deus Ressuscitado está de qualquer modo sempre com eles.

O Evangelho narra a aparição de Jesus ressuscitado aos discípulos que, durante a saudação de paz, em vez de exultar sentem-se "conturbados e cheios de medo", pensando "ter visto um fantasma". Cristo tenta fazê-los compreender que é realidade o que veem, realidade tangível: de fato ele exorta a tocar seu corpo, oferece o alimento para comer. O Filho do Senhor lhes deseja transmitir a "alegria da Ressurreição, a alegria de sua presença entre eles". Mas eles "não acreditavam na alegria, não podiam acreditar, porque tinham medo da alegria".

"Esse é um tipo de doença dos cristãos – afirma o Papa –. Temos medo da alegria. É melhor pensar: 'Sim, sim, Deus existe, mas está lá; Jesus está ressuscitado, está lá'. Um pouco distante. Temos medo da aproximação de Jesus, porque isso nos dá alegria. E isso explica tantos cristãos de funeral, não? Que sua vida parece um contínuo funeral. Preferem a tristeza e não a alegria. Movem-se melhor não com a luz da alegria, mas à sombra, como aqueles animais que conseguem sair somente à noite, mas à luz do dia não, não veem nada. Como os morcegos. E com um pouco de senso de humor podemos dizer que existem cristãos morcegos que preferem as sombras à luz da presença do Senhor".

Porém Cristo "com sua Ressurreição nos dá a alegria: a alegria de sermos cristãos; a alegria de segui-lo de perto; a alegria de ir pelo caminho da Bem-aventurança, a alegria de estar com Ele".

"E nós – esclarece – muitas vezes, ou estamos conturbados, quando nos vem essa alegria, ou cheios de medo ou acreditamos ver um fantasma ou pensamos que Jesus é um modo de agir: 'Mas nós somos cristãos e devemos agir assim'. Mas onde está Jesus? 'Não, Jesus está no céu'. Você fala com Jesus? Você diz a Jesus: 'Eu creio que tu vives, que tu ressuscitaste, que tu estás perto de mim, que tu não me abandonas?'" A vida cristã deve ser "um diálogo com Jesus, porque – isso é verdade – Jesus está sempre conosco, está sempre com os nossos problemas, com as nossas dificuldades, com as nossas boas obras".

Muitas vezes os cristãos não são "jubilosos, porque temos medo!" E estes são cristãos que "foram derrotados" na cruz: "Na minha terra há um ditado

– conta – que diz assim: 'Quando alguém se queima com o leite fervendo, depois ao ver a vaca, chora'. E esses se queimaram com o drama da cruz e disseram: 'Não, paremos aqui; Ele está no Céu; mas muito bem, ressurgiu, mas que não venha outra vez aqui, porque não conseguiremos'".

FONTES:
Homilias na Casa Santa Marta, em 4 de fevereiro de 2016, 24 de março de 2014 e 14 de outubro de 2014, 7 de fevereiro de 2014.
Encontro na Villa Nazareth, Roma, 18 de junho de 2016.
Audiência geral, em 30 de outubro de 2013.
Homilias na Casa Santa Marta, em 2 de março de 2015, 26 de março de 2015, 5 de maio de 2015, 27 de junho de 2013, 14 de fevereiro de 2014, 6 de março de 2014, 24 de abril de 2014, 9 de junho de 2016, 30 de janeiro de 2015.
Angelus em 31, em agosto de 2014.
Audiência geral, em 22 de junho de 2016.

LER E RELER A "DIVINA COMÉDIA"

Estamos em uma "selva escura" da vida? Procuremos Dante

"É uma das figuras mais ilustres da humanidade inteira", um artista de altíssimo valor universal que ainda tem muito a dizer e a contribuir por meio de suas obras" a todos que "desejam seguir o caminho do verdadeiro conhecimento, da descoberta de si e do mundo, do sentido profundo e transcendente da existência". Assim diz o papa Francisco, falando de Dante Alighieri. Dante é "profeta de esperança, anunciador da possibilidade de libertação de cada homem e mulher". Portanto, podemos nos enriquecer "com sua experiência para atravessar tantas selvas escuras espalhadas sobre nossa terra".

Assim reencontramos o sentido do caminho

Segundo Francisco, o "Grande Poeta nos convida a reencontrar o sentido perdido ou ofuscado de nosso percurso humano e a esperar rever o horizonte luminoso no qual brilha em plenitude a dignidade da pessoa humana".

Da perversidade à felicidade

"A Comédia[4] – observa Bergoglio – de fato, mais que um grande roteiro pessoal e interior, pode ser lida como uma verdadeira peregrinação, tanto comunitária quanto eclesial, social e histórica. Ela representa o paradigma de toda autêntica viagem na qual a humanidade é chamada a se afastar daquela que Dante define como 'canteiro de flores que nos torna tão ferozes', para unir-nos a uma nova condição, marcada pela harmonia, pela paz e felicidade."

FONTE:
4 de maio de 2015: mensagem lida na sala do Palácio Madama do cardeal Gianfranco Ravasi, presidente do Pontifício Conselho da Cultura, pelos 750 anos do nascimento do autor da "Divina Comédia".

[4] N.T.: a palavra 'Comédia', nesse contexto, não deve ser entendida como uma peça cujo propósito é divertir as pessoas pelo tratamento cômico das situações, mas o de contar uma história que se insere em um contexto de situações comuns às pessoas em seu cotidiano.

PROCUREMOS DEUS, "A GRANDE BELEZA" ETERNA

"Peçamos a Deus todos os dias
para entender sua vontade"

A certo ponto de nossa vida inevitavelmente nos debatemos com uma pergunta. Uma pergunta que, talvez, após várias tentativas com outras pessoas, coloquemos a nós mesmos e basta. Depois, provavelmente, chega espontaneamente uma sensação de vazio, de contínua insatisfação por aquilo que fazemos ou possuímos, como também depois de "sucessos" de vários tipos, profissional, escolar, esportivo, sentimental. Ou, a maior razão, depois de certas dores. É uma dúvida que toma conta de nós, e que pode ter efeitos desestabilizadores, ou até traumáticos. Pode tornar tudo o que vivemos chato, inútil, "cinza", sem alma. E, ainda, pode ser uma pergunta que pode iluminar e nos levar à felicidade. A pergunta é: qual é o sentido da minha existência? É um mistério a partir do qual surgem outros: por que estamos neste mundo? Com que objetivo me levanto pela manhã? "Somente" para trabalhar e ganhar dinheiro que depois de morto, de nada serve? Por que preciso educar meus filhos, e para que devo educá-los? Por que devo me comportar "bem" e respeitar as regras em todos os lugares onde estou?

Aqui, o papa Francisco convida a transformar estas perguntas em um pedido diferente, que pode responder a tudo. Ele aconselha a pedir diariamente a Deus a graça de cumprir qualquer que seja a sua vontade até o fim. O Pontífice lembra que havia um tempo em que as leis eram feitas de preceitos e proibições, de sangue de bois e cabras, "sacrifícios antigos" que não tinham nem a força de "perdoar os pecados", nem de fazer "justiça". Em seguida, veio ao mundo o Cristo e com ele sua subida à cruz – o ato "que de uma vez para sempre justificou" – demonstrou qual era o "sacrifício" preferido por Deus: não o holocausto de um animal, mas a oferta da própria vontade para fazer a vontade do Pai.

Fazer a vontade de Deus, obedecer à sua vontade "é o caminho para a santidade, do cristão", ou seja, permitir que "o plano de Deus seja cumprido", que "a salvação de Deus se realize".

O contrário, paradoxalmente, começa no Paraíso, "com a não obediência de Adão. E aquela desobediência trouxe o mal a toda a humanidade. Também os pecados são atos de não obediência a Deus, de não fazer a vontade de Deus. Em vez disso, o Senhor nos ensina que este é o caminho", o de buscar a vontade de Cristo, "não existe outra. Começa com Jesus, sim, no céu, com a vontade de obedecer ao Pai. Mas na terra começa com a Virgem: ela, o que disse ao anjo? 'Faça-se em mim o que tu dizes', isto é, que se faça a vontade de Deus. E com este 'sim' ao Senhor, o Senhor iniciou sua caminhada entre nós".

Francisco admite e repete que "não é fácil" cumprir a vontade de Deus. Não foi fácil nem para Jesus, que por isso foi tentado no deserto e também no Horto das Oliveiras onde com o tormento no coração aceitou o suplício que o esperava. Não foi fácil para alguns discípulos, que o deixaram porque não entenderam o que queria dizer "fazer a vontade do Pai". E não é fácil para nós, uma vez que "a cada dia nos é apresentado um mundo de opções". Então, como "faço para cumprir a vontade de Deus?"

Há uma maneira: pedindo "a graça" de querer fazê-la.

"É preciso perguntar-se: eu rezo para que o Senhor me dê vontade de fazer sua vontade, ou procuro compromissos porque tenho medo da vontade de Deus? Uma outra coisa: rezar para conhecer a vontade de Deus para mim e para minha vida, sobre as decisões que devo tomar agora... tantas coisas. Sobre o modo de administrar as coisas... A oração para querer fazer a vontade de Deus – recomenda-se – e a oração para conhecer a vontade de Deus." E quando conheço a vontade de Deus, "a oração, pela terceira vez: serve para simplesmente fazê-la. Para cumprir a vontade, que não é a minha, mas a de Deus. E não é fácil".

Portanto, sintetiza o papa Bergoglio, "rezar para ter o desejo de seguir a vontade de Deus, rezar para conhecer a vontade de Deus e rezar – uma vez conhecida – para seguir em frente com a vontade de Deus".

Deus nos leva pela mão ao céu, como um pai. E é como a mãe que canta uma cantiga de ninar

Nossa salvação "pertence ao nosso Deus"; é Ele "que nos salva, é ele que nos guia, como um pai, pela mão até o fim de nossa vida exatamente naquele céu onde estão os nossos antepassados". Ao mesmo tempo o Senhor ama os homens como a mãe ama o próprio filho. De fato, Deus salva seu povo aproximando-se com ternura. O Pontífice, tomando o profeta Isaías, exprime-se por meio de uma comparação: "A intimidade é tão grande que Deus se apresenta como uma mãe, como uma mãe que conversa com sua criança: uma mãe que quando canta uma canção de ninar à criança, toma a voz da criança e se faz pequena como a criança e fala em tom de criança. Mas quantas vezes a mãe diz estas coisas enquanto acaricia a criança, não é? Te farei grande... E a acaricia, e a coloca mais perto de si. E Deus faz assim. É a carícia de Deus. É tão próxima de nós que se expressa com esta ternura: ternura de mãe".

Abramo-nos às surpresas de Deus, não nos fechemos em nossos sistemas

O apelo é inconfundível: não ficar ligados, agarrados às próprias ideias. Muitas vezes, destaca o Papa, os doutores da lei pedem sinais a Jesus, e Ele lhes responde que não são capazes de "ver os sinais dos tempos". "Porque estes doutores da lei não entendiam os sinais dos tempos e pediam um sinal extraordinário (que Jesus lhes deu depois). Por que não entendiam? Antes de tudo, porque eram fechados. Eram fechados em seu sistema, tinham sistematizado muito bem as leis, uma obra-prima. Todos os judeus sabiam o que se podia e não se podia fazer, até onde se podia ir. Era tudo sistematizado. E eles se sentiam em segurança ali. Para essas pessoas, diz o papa Bergoglio, são "estranhas" as coisas que Jesus faz: "andar com pecadores, comer com os publicanos". Eles "não gostavam disso, era perigoso; a doutrina era um perigo, a doutrina da lei, que eles, os teólogos, tinham feito há séculos".

Francisco reconhece que os doutores elaboraram a doutrina da lei "por amor, para serem fiéis a Deus", mas "sentiam-se fechados ali" e "simplesmente tinham esquecido a história. Tinham esquecido que Deus é o Deus da lei, mas também o Deus das surpresas". E Deus reservou muitas surpresas a seu povo, como quando o salvou "da escravidão do Egito".

"Eles não entendiam que Deus é o Deus das surpresas, que Deus é sempre novo; nunca nega a si mesmo, nunca diz que aquilo que tinha dito era errado, nunca. Mas nos surpreende sempre. E eles não entendiam e se fechavam naquele sistema elaborado com tão boa vontade e pediam a Jesus: 'Dá-nos um sinal!' E não entendiam os tantos sinais que Jesus fazia e que indicavam que já tinha chegado o tempo determinado". Isso é um "sistema fechado!" "Em segundo lugar – continua – tinham se esquecido que eles eram um povo em um caminho. Em um caminho! E quando se caminha, quando se está em um caminho, sempre se encontra coisas novas, coisas que não conhecia."

Além disso, "um caminho não é absoluto em si mesmo", é o caminho em direção "à manifestação definitiva do Senhor. A vida é um caminho rumo à plenitude de Jesus Cristo, quando Ele vier pela segunda vez". Esta geração, diz ainda Francisco, "procura um sinal", mas, o Senhor diz, "não lhe será dado nenhum sinal, a não ser o sinal de Jonas", isto é "o sinal da ressurreição, da glória". "Os doutores da lei eram fechados em si mesmos", não abertos ao Deus que surpreende, "não conheciam o caminho". Assim, quando no sinédrio Jesus afirma ser Filho de Deus, "rasgaram suas vestes", dizendo que havia "blasfemado". "O sinal que Jesus dá a eles – comenta o Papa este paradoxo – era uma blasfêmia." Por esse motivo "Jesus diz: geração insensível".

Se a lei "não conduz a Jesus Cristo não nos aproxima a Jesus Cristo, é morta. Por isso Jesus os repreende por serem fechados, por não serem capazes de conhecer os sinais dos tempos, de não serem abertos ao Deus das surpresas".

Deus é "a grande beleza" eterna. Todo o resto finda

Divinizar as dinâmicas da terra e mitificar os "hábitos", como se tudo fosse eterno. São dois perigos para os quais papa Francisco chama a atenção. Ou seja, a única beleza que dura para sempre é a de Deus.

Francisco destaca a "beleza da criação", mas também o "erro daquelas pessoas que nessa beleza não foram capazes de ver além, isto é, a transcendência".

Nessa atitude o Papa argentino revela o que chama de "idolatria da imanência": ou seja, nós nos detemos em uma beleza "sem olhar além".

Mulheres e homens de todos os tempos "se apegaram a esta idolatria – constata – e são afetados pelo deslumbramento de sua potência e energia. Não pensaram no quanto é superior sua soberania, porque os criou Ele, que é o princípio e autor da beleza. É uma idolatria olhar as belezas – tantas – sem pensar que haverá um anoitecer. O anoitecer também tem sua beleza... E essa idolatria de serem apegados às belezas daqui, sem a transcendência, todos nós possuímos o perigo de possuí-la. É a idolatria da imanência. Acreditamos que as coisas como são, são quase deuses, não terminarão". Mas "esquecemos o anoitecer".

Os hábitos são a outra idolatria. Para papa Bergoglio deixam o coração surdo. "Tudo é questão de hábito – observa Francisco. A vida é assim: vivemos assim, sem pensar no anoitecer deste modo de viver. Esta também é uma idolatria: ser apegado aos hábitos, sem pensar que isso terá um fim. E a Igreja nos faz olhar o fim dessas coisas". Os hábitos também "podem ser pensados como deuses. A idolatria? A vida é assim, vamos seguindo assim... E assim como a beleza terminará em uma outra beleza, nosso hábito irá terminar em uma eternidade, em um outro hábito. Mas Deus existe! Eis a exortação do Papa: direcionar o olhar "sempre além", "ao hábito final", ao único Senhor que se encontra além: "o fim das coisas criadas". Não precisa olhar para trás, mas prosseguir o caminho da existência com a certeza de que se "a vida é bela, o anoitecer será também muito belo".

Acrescentou o Papa como conclusão: "Nós – os fiéis – não somos pessoas que voltam atrás, que cedem, mas pessoas que vão em frente. Ir sempre em frente nesta vida, olhando as belezas e com os hábitos que temos todos nós, mas sem divinizá-las".

FONTES:
Homilia na Casa Santa Marta, em 13 de novembro de 2015.
Discurso dirigido à Associação bíblica italiana,
em ocasião da Semana Bíblica Nacional, 15 de setembro de 2016.
Homilia na paroquia romana
De San Cirillo Alessandrino, 1º de dezembro de 2013.
Homilia na Casa Santa Marta, em 11 de dezembro de 2014, 27 de janeiro de 2015, 24 de abril de 2015, 28 de outubro de 2013, 29 de novembro de 2013, 6 de dezembro de 2013, 28 de janeiro de 2014, 17 de fevereiro de 2014, 13 de outubro de 2014, 6 de junho de 2014.
Homilia no Cemitério Verano na Solenidade de Todos os Santos em 2013.

FAÇAMOS A REVOLUÇÃO: DOEMOS-NOS AOS OUTROS

Cuidemos de quem tem necessidade

"Que bom seria se todos pudessem admirar como nós cuidamos uns dos outros, como damos mutuamente conforto e como nos acompanhamos! O dom de si é o de estabelecer a relação interpessoal que não nasce dando 'coisas', mas doando a si mesmo". Esse dar-se "significa deixar agir em si mesmo toda a potência do amor" de Deus, "isso significa evangelizar, essa é a nossa revolução, porque a nossa fé é sempre revolucionária".

Francisco fala da "revolução" cristã explicando o que significa evangelizar. O "sussurro de Jesus na última ceia" em favor da unidade dos cristãos, como sinal para que o mundo creia, torna-se "um grito", explica Francisco.

O Papa gostaria "que esses dois gritos se transformassem em sinal de um belo desafio de evangelização. Não com palavras em alto e bom som, ou termos complicados, mas uma combinação que nasça 'da alegria do Evangelho'". Jesus pede que seus seguidores sejam "uma coisa só" como testemunho para o mundo. Cristo experimentou naquele momento "na própria carne o pior deste mundo, mesmo assim ama a multidão: intrigas, desconfianças, traição, e não se esconde, não se lamenta. Também nós constatamos cotidianamente que vivemos em um mundo dilacerado pelas guerras e pela violência. Seria superficial considerar que a divisão e o ódio dizem respeito somente às tensões entre os países e os grupos sociais".

Na realidade sou fruto "da ferida do pecado no coração das pessoas, cujas consequências são lançadas também sobre a sociedade e toda a sua criação". E Jesus nos manda justamente a este mundo "que nos desafia e nossa resposta não é fingir que não há nada, sustentar que não possuímos meios ou que a realidade nos supera. Nossa resposta ecoa o grito de Jesus e aceita a graça e a tarefa da unidade".

De agora em diante há a necessidade de "agir pela inclusão em todos os níveis, evitando egoísmos, promovendo a comunicação e o diálogo, incentivando a colaboração... Confiar no outro é algo a ser construído, a paz é construída. É impensável que brilhe a unidade se a mundanidade espiritual nos faz estar em guerra entre nós, pela estéril busca de poder, prestígio, prazer ou segurança econômica".

Uniformidade não, mas harmonia

A união que solicita Jesus, explica ainda Bergoglio, "não é uniformidade, mas a harmonia em diversas formas é que atrai. A imensa riqueza do diferente, a multiplicidade que alcança a unidade toda vez que nos lembramos daquela Quinta-feira Santa, afasta-nos da tentação de propostas parecidas com ditaduras, ideologias e intolerâncias". A proposta de Jesus é concreta, "não é uma ideia: 'vá e faça o mesmo', disse àquele que lhe perguntava quem seria o próximo, depois de ter contado sobre a parábola do Bom Samaritano". Não é nem "um ajuste feito sob medida, sobre o qual somos nós os primeiros a impormos as condições, escolhemos as partes nas quais estamos envolvidos e excluímos os outros. Jesus reza para que formemos parte de uma grande família, na qual Deus é nosso Pai e todos nós sejamos irmãos". Porém tudo isso "não encontra sua fundação no ter os mesmos gostos, as mesmas preocupações, os mesmos talentos. Somo irmãos porque, por amor, Deus nos criou e nos destinou, por pura iniciativa, a sermos seus filhos".

Eis o nosso grito

Francisco, portanto, destaca: evangelizar significa doar a si mesmo, cuidar uns dos outros: nesta doação "se oferece a própria pessoa" e deixa-se agir "em si mesmo todo poder do amor que é o Espírito de Deus".

O homem doando-se "se encontra novamente consigo mesmo, com sua verdadeira identidade de filho de Deus, semelhante ao Pai e, em comunhão com Ele, doador de vida, irmão de Jesus, do qual é testemunha. Isso significa evangelizar, essa é a nossa revolução – porque nossa fé é sempre revolucionária – isso é nosso mais profundo e constante grito".

FONTES:
Quito, 7 de julho de 2015, homilia no "Parco Bicentenário".
Angelus em 31 de maio de 2015.

A FAMÍLIA E AS SUAS TRÊS PALAVRAS MÁGICAS: COM LICENÇA, OBRIGADO, DESCULPE

Para salvar um casamento não servem os Capacetes azuis[5]

O matrimônio é "o ícone do amor de Deus conosco", o que não exclui o fato de "na vida matrimonial existirem tantas dificuldades – o trabalho, o dinheiro não é suficiente, as crianças têm problemas... – e de entre os cônjuges existirem discussões" e, às vezes, "voam os pratos". Mas "para fazer a paz não é necessário chamar as Nações Unidas", mas usar, entre marido e mulher, três "palavras mágicas": "Com licença, obrigado, desculpe". É a receita do papa Francisco.

Este sacramento "nos conduz ao coração da imagem de Deus, que é uma imagem de aliança com seu povo,

[5] N.T.: A expressão 'Capacetes azuis' traduzido do italiano 'Caschi blu' corresponde aos capacetes de cor azul que eram usados pelas forças de paz da ONU (do original em inglês, *peacekeeping*), prevista pela primeira vez no Tratado de Amsterdã, em 1997.

com todos nós, uma imagem de comunhão. No início do livro do Gênesis, o primeiro livro da Bíblia, no coroamento da narrativa da criação está dito: 'Deus criou o homem à sua imagem; à imagem de Deus o criou: homem e mulher, criou-os... Por isso o homem deixará seu pai e sua mãe e se unirá a sua esposa, e os dois serão uma única carne'". A imagem de Deus é "o casal em um matrimônio, é o homem e a mulher, todos os dois, não somente o masculino, o homem, não somente a mulher, não: todos os dois. E esta é a imagem de Deus, e o amor, a aliança de Deus conosco está ali, representada na aliança entre o homem e a mulher. E isso é muito bonito, é muito bonito!". Porque somos "criados para amar, como reflexo de Deus e de seu amor. E na união conjugal o homem e a mulher realizam essa vocação em sinal da reciprocidade e da comunhão de vida plena e definitiva".

A coragem de viver a vida juntos

Mas atenção: a verdadeira ligação se mantém "sempre com o Senhor. Quando a família reza, a ligação se mantém. Quando o esposo reza pela esposa e a esposa reza pelo esposo, aquela ligação se torna forte. Um reza com o outro". O Pontífice sabe que "na vida matrimonial existem muitas dificuldades, muitas, não? É o trabalho, o dinheiro não é suficiente, as crianças têm problemas... tantas dificuldades. E, muitas vezes, o marido, a mulher tornam-se um pouco nervosos e discutem entre eles. Ou não? Discutem! Sempre, sempre é assim: sempre se discute no matrimônio! E também, algumas vezes, voam pratos! Vocês riem, mas é a verdade! Mas não devemos ficar tristes por isso. A condição humana é assim. Mas o segredo é que o amor é mais forte do que quando se discute". Por isso o Bispo de Roma aconselha aos esposos, "sempre, de não terminar o dia durante o qual discutiram sem fazer as pazes. Sempre!". Em seguida, acrescenta: "Para fazer as pazes não é necessário chamar as Nações Unidas, para que venham em casa a fazer as pazes! É suficiente um pequeno gesto, uma carícia: 'Um tchau! Até amanhã!'. E amanhã começa outra vez. E essa é a vida: levá-la em frente assim, levá-la em frente com a coragem de a querer viver juntos. E isso é grande, é bonito! É algo belíssimo a vida matrimonial, e devemos cuidar sempre dela, cuidar dos filhos".

As três palavras mágicas: com licença, obrigado, desculpe

Para ajudar a vida matrimonial "existem três palavras. Três palavras que devem ser ditas sempre, três palavras que devem estar em casa: 'com licença; obrigado; desculpe'. As três palavras mágicas! Com licença: para não ser invasivo na vida dos cônjuges. 'Com licença; o que lhe parece, hein? Com licença; permito-me, hein?'. Obrigado: agradecer ao cônjuge. 'E, obrigado pelo que fez por mim; obrigada por isso'. A beleza de dizer obrigado. E, como todos nós erramos, aquela palavra é um pouco difícil de dizer, mas precisa dizê-la: 'Desculpe, por favor! Desculpe!' Como era? Com licença; obrigada e desculpe".

Smartphone e tv à mesa? Assim se é pouco família

"Uma família que nunca fica junto durante as refeições, ou que à mesa não conversa, mas assiste à televisão, ou ao smartphone, é uma família pouco família". Papa Francisco reflete sobre o "convívio, ou seja, a atitude de compartilhar os bens da vida e serem felizes por poderem fazer isso. Mas compartilhar, saber compartilhar é uma virtude preciosa! Seu símbolo, seu ícone, é a família reunida em torno da mesa doméstica"; e "o compartilhar a refeição – e consequentemente, além do alimento, também os afetos, as histórias, os eventos... – é uma experiência fundamental". Quando há uma festa, um aniversário, uma comemoração, "reencontra-se em torno da mesa. Em algumas culturas, é comum realizar isso também durante um luto, para ficar perto de quem sente a dor pela perda de um familiar. O convívio é um termômetro seguro para medir a saúde dos relacionamentos: se em família há algo que não está bem, ou alguma ferida escondida, à mesa compreende-se rapidamente". Assim, uma família que quase nunca come junto, ou "que à mesa não conversa, mas assiste à televisão, ou ao smartphone, é uma família pouco família. Quando os filhos à mesa estão ligados ao computador, ao celular e não se ouvem entre si, isso não é família, é um pensionato!"

O cristianismo possui uma "vocação especial no convívio, todos sabem. O Senhor Jesus ensina com prazer à mesa, e representava às vezes o reino de Deus como um convite de festa. Jesus escolheu a mesa também para entregar aos discípulos seu testemunho espiritual, fez isso durante a ceia, resumido no gesto memorial de seu Sacrifício: doação de seu Corpo e de seu Sangue dentre os quais Comida e Bebida de salvação, que alimentam o amor verdadeiro e duradouro". Nessa perspectiva, pode-se "bem dizer que a família sai 'de casa' para a Missa, mesmo porque leva à eucaristia a própria experiência de convívio universal, do amor de Deus pelo mundo". Nesse nosso tempo, "marcado por tantos fechamentos, por tantos muros, o convívio gerado pela família e alargado da Eucaristia de uma Igreja torna-se uma oportunidade determinante. A Eucaristia e as famílias alimentadas por ele podem vencer os fechamentos e construir pontos de acolhimento e de caridade". A Eucaristia de uma Igreja de famílias "é uma escola de inclusão humana que não teme confrontos! Não existem crianças pequenas, órfãs, frágeis, indefesas, feridas e desiludidas, desesperadas e abandonadas, em que o convívio eucarístico das famílias não possa alimentar, saciar, proteger e hospedar".

O convívio não se compra nem se vende!

O Pontífice está preocupado porque hoje "muitos contextos sociais põem obstáculos no convívio familiar". Mas "devemos encontrar o modo de recuperá-lo

– encoraja o Bispo de Roma – à mesa, conversa-se; à mesa, ouve-se, nada de silêncio que não seja o silêncio dos monges mas o do egoísmo, do celular, da televisão, recuperar o convívio, adaptando-o aos tempos". Parece que o convívio "tenha se tornado algo que se compra ou vende, mas isso é uma outra coisa. E o alimento não é sempre o símbolo de um justo compartilhamento dos bens, capaz de acrescentar quem não tem pão nem afetos".

Gastamos com um alimento inútil, e depois gastamos para emagrecer

Nos países ricos "somos induzidos a gastar por um alimento excessivo e, em seguida, estamos de novo tentando remediar o excesso. E este 'acordo' insensato desvia nossa atenção da fome verdadeira, do corpo e da alma". E se não existe convívio vence o "egoísmo, cada um pensa em si mesmo. Tanto que a publicidade o reduziu a uma insistente exposição de lanches e a um desejo de doces. Enquanto muitos, muitos irmãos e irmãs permanecem fora da mesa. É uma vergonha!" Nesse sentido, "a aliança viva e vital das famílias cristãs, que antecede, sustenta e abraça o dinamismo de sua hospitalidade, os cansaços e as alegrias cotidianas, coopera com a graça da Eucaristia, que está pronta para criar comunhão sempre nova com sua força que inclui e salva".

"Hoje há uma guerra mundial para destruir o casamento"

"O casamento é a coisa mais bonita que Deus criou, afirma Francisco. A Bíblia nos diz que Deus criou homem e mulher, criou-os à sua imagem, isto é, o homem e a mulher que se fazem uma só carne são a imagem de Deus". Bergoglio cita "as dificuldades que acontecem no casamento, as incompreensões e as tentações" e a solução "com a opção do divórcio: eu procuro uma outra, ela procura um outro e recomeçam de novo". E "quem paga as despesas do divórcio? Pagam todos os dois? Deus paga mais, porque quando se separa uma só carne suja-se a imagem de Deus. Pagam as crianças, os filhos. Vocês não sabem, queridos irmãos e irmãs, quanto sofrem as crianças, os filhos pequenos quando veem as brigas e a separação dos pais".

"Deve-se fazer de tudo para salvar o casamento – continua –. Mas é normal que no casamento se discuta? Sim, é normal. Acontece e às vezes voam os pratos. Mas se é verdadeiro o amor, faz-se a paz rapidamente. Eu aconselho aos esposos: briguem o quanto quiserem, mas não terminem nunca o dia sem fazerem as pazes. Sabem por quê? Porque a 'guerra fria' do dia depois é muito perigosa. Quantos casamentos se salvam se possuem a coragem, no fim do dia, de não fazerem um discurso, mas uma carícia, e fazerem as pazes".

"Mas é verdade, diz ainda o Papa, existem situações mais complexas, quando o diabo se intromete e põe uma mulher diante do homem e esta lhe parece mais bonita do que a sua. Ou quando põe um homem diante de uma mulher e lhe parece mais interessante do que o seu... Peçam ajuda, rapidamente, quando acontece esta tentação!" Mas como se ajuda o casal em dificuldades? "Com o acolhimento, a proximidade, o acompanhamento, o discernimento e a integração no corpo da Igreja. Na comunidade católica, deve-se ajudar a salvar os casamentos". Francisco repete as três "palavras de ouro" na vida do matrimônio. "Quando há algo que um faz para o outro, vocês sabem dizer obrigado? E se algum dos dois faz uma diabrura, sabem pedir desculpas? E se vocês levarem em frente um projeto, sabem pedir a opinião do outro? Três palavras: com licença, obrigada, desculpe".

Se nos casamentos "essas palavras forem usadas, o matrimônio irá bem e em frente".

Gênero, grande inimigo do casamento

Também inimigo do casamento é a "teoria de gênero", o conjunto de ideias surgidas do ativismo gay e feminista radical para os quais o sexo seria somente uma construção social, viver "como homem" ou "como mulher" não corresponderia mais a um dado biológico mas à sua construção cultural. Assim, a identidade sexuada, ou seja, serem homens ou mulheres, é substituída pela identidade de gênero: "Sentir-se" assim, independentemente do dado biológico. E pode-se variar conforme o gosto, mantendo também imutável o dado biológico. Adverte Francisco: "Hoje há uma guerra mundial para destruir o casamento, não se destrói com armas, mas com ideias. Existem colonizações ideológicas que o destroem". Portanto, maridos e mulheres precisam estar prontos a "defender-se das colonizações ideológicas, se há problemas, e fazer as pazes o mais cedo possível antes que termine o dia".

Fontes:
Encontro com religiosos e seminaristas na igreja de Assunção a Tbilisi, Georgia, em 1º de outubro de 2016.
Audiências gerais em 2 de abril de 2014, 28 de janeiro de 2015, 11 de fevereiro de 2015, 11 de novembro de 2015, 20 de maio de 2015.
Manila, 16 de janeiro de 2015, viagem apostólica nas Filipinas, discurso no encontro em Mall of Asia Arena.
Homilia na Casa Santa Marta em 2 de junho de 2014.
Tweet de @Pontifex em 8 de agosto de 2016.

LEMBREMO-NOS DE FESTEJAR!

Mas a festa não é ficar na poltrona
ou na embriaguez de uma tola fuga.
É tempo sagrado de repouso e gratidão

Antes de tudo, necessita-se especificar: a festa "não é a preguiça de ficar na poltrona, ou na embriaguez de uma tola fuga", apesar de a "obsessão do lucro econômico" e "cobiça pelo consumir" levarem a "ritmos desregulados da festa" que "fazem vítimas, geralmente jovens". A festa, ao contrário, é um tempo "sagrado" de repouso e gratidão pelo bom trabalho desenvolvido, porque o homem "não é um escravo do trabalho, mas Senhor", uma verdade para lembrar muito mais nos tempos de hoje quando existem "milhões de homens e mulheres e mesmo crianças escravas do trabalho".

Ter o prazer de desenvolver um bom trabalho

O Pontífice medita "sobre três dimensões: a festa, o trabalho e a oração. Comecemos pela festa. E digamos imediatamente que a festa é uma invenção de Deus". Deus mesmo – continua citando o Livro bíblico do Gênesis – "nos ensina a importância de dedicarmos um tempo para contemplar e a ter prazer com um trabalho que foi bem feito. Falo de trabalho, naturalmente, não somente no sentido de profissão, mas no sentido mais amplo: toda ação com a qual nós homens e mulheres podemos colaborar para a obra criadora de Deus".

A festa "é antes de tudo um olhar amável e agradecido pelo trabalho bem feito. Festejemos um trabalho. É tempo de olhar os filhos, os netos, que estão crescendo, e pensar: que lindo! É tempo de olhar nossa casa, os amigos que hospedamos, a comunidade que nos rodeia, e pensar: que coisa boa! Deus fez assim. E continuamente faz assim, porque Deus cria sempre, também neste momento!" Pode acontecer "que uma festa chegue em circunstâncias difíceis ou dolorosas, e talvez se celebre 'com um nó na garganta'. Ou então, também nesses casos, pedimos a Deus a força de não esvaziá-la completamente". As mães e os pais sabem "bem disso: quantas vezes, por amor aos filhos, vocês são capazes de mandar embora os desgostos para deixar que eles vivam bem a festa, degustem o bom sentido da vida! Há tanto amor nisso!"

Vamos jogar um spray *de festa também no trabalho*

E também no ambiente de trabalho, "às vezes – sem se comprometer muito com os deveres! – que nós saibamos 'infiltrar' algum *spray* de festa: um aniversário, um matrimônio, um novo nascimento, como também uma despedida ou uma nova chegada..., é importante. É importante fazer festa. São momentos de familiaridade na engrenagem da máquina produtiva: esses momentos nos fazem bem".

O verdadeiro tempo da festa "suspende o trabalho profissional, e é sagrado porque lembra ao homem e à mulher que são feitos à imagem de Deus, o qual não é escravo do trabalho, mas Senhor, e portanto também nós não devemos nunca sermos escravos do trabalho, mas 'senhores'".

Há um "mandamento para isso, um mandamento que considera a todos, não exclui ninguém! E sabemos que existem milhões de homens e mulheres e mesmo crianças escravas do trabalho! Nesse momento – adverte sua denúncia – existem escravos, são sugados. Isso é contra Deus e contra a dignidade da pessoa humana! A obsessão pelo lucro econômico e a eficiência da técnica põem em risco os ritmos humanos da vida". Ou seja, o tempo de repouso, principalmente o de domingo, "é destinado a nós para que possamos ter prazer no que não se produz e não se consome, não se compra e não se vende".

Os ritmos desregulados da festa fazem vítimas

Ao contrário "vemos que a ideologia do lucro e do consumo quer digerir também a festa: ela também às vezes é reduzida a um 'acordo', a um modo de fazer dinheiro e de gastar. Mas é para isso que trabalhamos? A cobiça pelo consumir, que comporta o desperdício, é um vírus horrível que, entre outras coisas, nos deixa mais cansados do que antes. Danifica o trabalho verdadeiro e consome a vida. Os ritmos desregulados da festa fazem vítimas, geralmente jovens".

Em casa temos obras de arte

Para o Papa "o tempo de festa é sagrado porque Deus habita de modo especial" com a Eucaristia dominical; a família "é dotada de uma competência extraordinária para entender, endereçar e sustentar o autêntico valor do tempo de festa, e principalmente do domingo. Não é por acaso que são melhores aqueles lugares onde há espaço para toda a família! A mesma vida familiar, olhada com os olhos da fé, parece-nos melhor do que o cansaço que nos custa". Aparece-nos "como a obra de arte da simplicidade, lindo mesmo porque não é artificial, nem falso, mas capaz de incorporar em si todos os aspectos da vida verdadeira. Aparece-nos como algo de 'muito bom', como Deus disse ao final da criação do homem e da mulher".

Festejar é um dom divino

Portanto, a festa é "um precioso presente que Deus fez à família humana: não vamos destruí-lo!"

Fonte:
Audiência geral, em 12 de agosto de 2015.

AS DORES VIVIDAS COM ESPERANÇA NOS LEVAM À ALEGRIA

Sofremos? Esperemos em Deus e encontraremos o sorriso

O cristão não anestesia o sofrimento, mas vive esperando que o Senhor doe uma "felicidade eterna". Uma alegria duradoura, que ninguém poderá apagar ou diminuir. Palavra de papa Francisco.

No Evangelho se lê que Cristo, antes de sua Paixão, adverte os discípulos que ficarão tristes, mas que esta tristeza se tornará um grito de alegria. O Filho de Deus usa a imagem da mulher enquanto dá à luz: está "na dor porque chegou sua hora; mas quando deu à luz um menino, não se lembra mais do sofrimento" (Jo 16,21).

"Isso – comenta o Pontífice – é o que fazem a alegria e a esperança juntas, em nossa vida, quando estamos em meio às tribulações, quando estamos com problemas, quando sofremos. Não é – pontua – uma anestesia. A dor é dor, mas vivida com alegria e esperança lhe abre a porta da alegria de um fruto novo".

Para o Papa, "essa imagem do Senhor nos deve ajudar muito nas dificuldades; dificuldades muitas vezes ruins, dificuldades maldosas que também nos fazem duvidar da nossa fé... Mas com a alegria e a esperança vamos em frente, porque depois desta tempestade, chega um homem novo, como a mulher quando dá à luz. E Jesus diz que esta alegria e esta esperança são duradouras, que não passam".

Alegria e esperança "caminham juntas: uma alegria sem esperança é uma simples diversão, uma alegria passageira. Uma esperança sem alegria não é esperança, não vai além de um bom otimismo. Mas alegria e esperança caminham juntas, e todas as duas fazem esta explosão que a Igreja na sua liturgia quase – me permito dizer a palavra – sem pudor grita: 'Exulte sua Igreja!', exulte sua alegria. Sem formalidades"; porque "quando há forte alegria, não há formalidade: é alegria".

Deus "nos diz que haverá problemas" na vida e que "essa alegria e esperança não são um carnaval: são uma outra coisa". Mas a alegria "fortifica a esperança e a esperança floresce na alegria. E assim vamos em frente. Mas – acrescenta – todas as duas, nesse comportamento que a Igreja lhes quer dar, essas virtudes cristãs, indicam um sair de nós mesmos". De fato "o jubiloso não se fecha em si mesmo; a esperança o leva para lá, é o que ainda está sobre o mar do céu e o leva para fora. Sair de nós mesmos – adverte – com a alegria e a esperança".

Em seguida, papa Bergoglio explica: "A alegria humana pode ser tirada de qualquer coisa, de qualquer dificuldade", ao contrário, Jesus deseja doar uma alegria que ninguém poderá abater: é "duradoura. Também nos momentos mais escuros".

Assim acontece na Ascensão: "Os discípulos, quando o Senhor vai embora e não o veem mais, ficam olhando o céu, com um pouco de tristeza. Mas vêm os anjos a acordá-los"; e como se menciona o Evangelho de Lucas, "voltaram felizes, cheios de alegria" (cf. Lc 24,52-53): trata-se – esclarece o Pontífice – "daquela alegria de saber que nossa humanidade entrou no céu, pela primeira vez!"

Deste modo a esperança "de viver e de alcançar o Senhor" se transforma em uma "alegria que permeia toda a Igreja".

"Melhor morrer que viver assim? Não, melhor rezar intensamente!"

Quando a escuridão da alma, ou seja, a tristeza que "esmaga" e sufoca, a "desolação espiritual", dá um golpe – e antes ou depois golpeia a todos – os caminhos para enfrentá-la e superá-la são a oração e o silêncio. Nas dúvidas que surgem nos momentos de dor, "melhor a morte que uma vida assim", deve-se reagir confiando em Deus.

Na Bíblia se lê Jó, que "estava com problemas: tinha perdido tudo". Foi privado de todos os seus bens, até de seus filhos, por isso se sente então perdido.

Mas não chega a realizar uma ação que poderia ser instintiva: maldizer o Senhor.

A história de Jó é uma grande "desolação espiritual", que antes ou depois toma a todos. Ele desabafa diante de Deus, como um "filho diante do pai". Como o profeta Jeremias, e ele também não blasfema.

"A desolação espiritual – releva o Papa – é uma coisa que acontece a todos nós: pode ser mais forte, mais fraca... Mas, o estado de alma obscura, sem esperança, desconfiança, sem desejo de viver, sem ver o fim do túnel, com muitas agitações no coração e também nas ideias... A desolação espiritual nos faz sentir como se nós tivéssemos a alma esmagada: não consegue, não consegue, e também não quer viver: 'Melhor é a morte!'" Isso é o desabafo de Jó. "Melhor morrer que viver assim". Ao contrário, precisa entender "quando nosso espírito está nesse estado de profunda tristeza, em que quase não há respiração: acontece a todos nós, isso. De modo intenso ou não... A todos nós".

E a primeira ação a cumprir é "entender o que acontece em nosso coração".

Essa é "a pergunta que nós podemos nos fazer: 'O que se deve fazer quando nós vivemos estes momentos obscuros, por uma tragédia familiar, uma doença, qualquer coisa que me põe para baixo".

Há quem pense em "tomar uma pílula para dormir" e fugir assim "dos fatos" dramáticos, ou então "tomar dois, três, quatro copos", procurar "afogar" no "álcool" as tristezas. Mas tudo isso, na realidade, "não ajuda", adverte Francisco.

A estrada está indicada no Salmo 87: "Chegue a vossa presença minha oração".

A solução eficaz é então rezar, rezar intensamente, exclama papa Bergoglio: gritar dia e noite, a fim de que Deus escute.

Trata-se de "uma oração como a de bater à porta, mas com força! 'Senhor, eu me sinto saciado de desventuras. Minha vida está às margens do Inferno. Estou entre os que estão descendo à fossa, sou um homem sem forças'"; quantas vezes nós "nos sentimos assim, sem forças... E essa é a oração". E o mesmo Deus que "nos ensina e rezar nos momentos ruins. 'Senhor, me jogaste no poço mais profundo. Pesa sobre mim teu furor. Chegue a ti minha oração'. Esta é a oração: assim devemos rezar nos piores momentos, os mais obscuros, de maior desolação, mais esmagadores, que nos esmagam, realmente". E "isso é rezar com autenticidade. E também desabafar-se como fez Jó com os filhos. Como um filho".

No Livro de Jó se lê também sobre o precioso silêncio dos amigos. Diante de uma pessoa que sofre, explica o Bispo de Roma, "as palavras podem fazer mal": o que conta e serve é estar próximo, fazer sentir-se perto, "mas não fazer discursos" inúteis.

Quando uma pessoa sofre, "quando uma pessoa se encontra desolada espiritualmente deve-se falar o mínimo possível – adverte – e deve-se ajudar com o silêncio, a proximidade, as carícias, sua oração diante do Pai".

Fontes:
Homilias na Casa de Santa Marta em 16 de maio
e 23 de maio de 2016 e 27 de setembro de 2016.

DIANTE DOS PROBLEMAS NADA DE MEDO, DEUS ESTÁ CONOSCO

Dificuldades com a saúde e no trabalho?
Jesus nos diz para não nos preocuparmos. Eis o porquê

Nem toda vida cristã é festa. Mas é alegria na esperança. São muitas as causas do sofrimento, das doenças, da falta de trabalho, mas há também uma promessa, como está escrito no Evangelho: "Vossa tristeza se transformará em alegria".

Precisa dizer a verdade, mesmo que seja desconfortável: "Nem toda vida cristã é uma festa. Nem toda! Chora-se, muitas vezes se chora. Quando você está doente; quando você tem um problema em família com o filho, com a filha, a mulher, o marido; quando você vê que o salário não chega ao fim do mês e você tem um filho doente; quando você vê que não pode pagar o financiamento da casa e tem que ir embora. Tantos problemas, são muitos os problemas que possuímos. Mas Jesus nos diz: 'Não tenham medo!'"

"Mas também – continua – existe uma outra tristeza: a tristeza que acontece a todos nós quando vamos por um caminho que não é bom". Quando, "dizemos simplesmente assim, simplesmente vamos comprar a alegria, a felicidade, a do mundo, a do pecado, por fim há o vazio dentro de nós, há a tristeza". E essa "é a tristeza da alegria maldosa". A alegria cristã, ao contrário, "é uma alegria em esperança, que chega".

Papa Bergoglio fala de São Paulo, que "era muito corajoso, porque tinha a força no Senhor", mas ele também teve medo: "Acontece a todos nós ter um pouco de medo durante a vida", acrescentou. E pergunta-se se "não seria melhor baixar um pouco o nível, não ser tão cristão e procurar um compromisso com o mundo". Paulo, porém, sabia que por mais que "ele fizesse, não contentava nem judeus, nem pagãos". E portanto arrisca seriamente. Mas não para. Isso "nos faz pensar em nossos medos, em nossos temores".

"No momento da prova nós não vemos" alegria: "É difícil, quando você vai até um doente ou uma doente, que sofre tanto, dizer: 'Coragem! Coragem! Amanhã você terá alegria!' Não, não se pode dizer! Devemos fazê-lo sentir como nos fez sentir Jesus. Nós também, quando estamos no escuro não vemos nada: 'Eu sei, Senhor, que esta tristeza se transformará em alegria. Não sei como, mas sei!' Um ato de fé no Senhor".

Para entender a tristeza que se transforma em alegria, Jesus toma o exemplo da mulher que dá à luz: "É verdade, no parto a mulher sofre tanto mas depois, quando tem o bebê consigo, esquece". O que permanece, portanto, é "a alegria de Jesus, uma alegria purificada". Aquela é "a alegria que permanece". Uma alegria "escondida em alguns momentos da vida, que não se sente nos momentos ruins, mas que vem depois: uma alegria em esperança". Esta, portanto, "é a mensagem da Igreja: não ter medo!"

Fontes:
Vigília Pascal, 4 de abril de 2015.
Homilias na Casa Santa Marta, em 30 de maio de 2014.

O SOFRIMENTO NÃO É BOM. MAS PODE TER SENTIDO

Os maldosos parecem sortudos
mas para Deus não têm um nome

Uma jovem mãe com marido e três filhos tem um tumor que a prende à cama. A uma senhora "com o coração grande" a máfia assassina um filho. Quantas histórias assim tão "injustas" acontecem, sempre, todos os dias. Papa Francisco enfrenta os "porquês", aparentemente sem respostas, que histórias como estas suscitam e, diante disso, Deus jamais abandona os justos, enquanto os que semeiam o mal são como desconhecidos, dos quais o Céu não lembra o nome.

Frequentemente vem a pergunta, diante dos criminosos ou maldosos e desonestos de todos os tipos que são impunes e vivem no luxo, por que o bem dos maldosos? Por que acontece isso? "Que vantagem recebemos – acrescenta Francisco citando o trecho bíblico do Profeta Malaquias – por ter observado" os mandamentos de Deus, enquanto os maldosos, os "soberbos", então "fazendo o mal, multiplicam-se e, provocando Deus, ficam impunes?"

Quantas vezes "nós vemos esta realidade em pessoas maldosas, em pessoas que praticam o mal e que parece que a vida vai bem: são felizes, têm tudo o que querem, não lhes falta nada. Por que, Senhor? É um dos muitos porquês... Por que a este que é um atrevido ao qual não importa nada nem Deus nem os outros, que é uma pessoa injusta e também maldosa, tudo está bem em sua vida, tem tudo o que quer e nós que queremos fazer o bem temos tantos problemas?"

A resposta para essas perguntas existe. Papa Bergoglio toma do Salmo que proclama "feliz" o homem "que não entra no conselho dos maldosos" e que "encontra sua alegria" na "lei do Senhor". Ilustra Francisco: "Agora não vemos os frutos destas pessoas que sofrem, destas pessoas que levam a cruz, como não se viam os frutos do Filho de Deus Crucificado, de seus sofrimentos naquela Sexta-feira Santa e naquele Sábado Santo. E tudo o que fará, conseguirá fazer bem. E o que diz o Salmo sobre os maldosos, aqueles para os quais pensamos que esteja tudo bem? 'Não assim, não assim maldosos, mas é como a palha que o vento dispersa. Porque o Senhor vigia o caminho dos justos, enquanto que o caminho dos maldosos se arruína'".

O Papa lembra a parábola de Lázaro (cf. Lc 16,19-31), símbolo de miséria irremediável e do rico que lhe nega também os farelos, um folião sem nome: "É curioso que não se diz o nome daquele homem. É somente um adjetivo: é um rico. Dos maldosos – especifica – no Livro da Memória de Deus, não há nome: é um maldoso, um enganador, um explorador... Não tem nome, somente adjetivos. Ou seja, todos os que procuram ir no caminho do Senhor, estarão com seu Filho, que tem nome, Jesus Salvador. Mas um nome difícil de entender, também inexplicável pela prova da cruz e por tudo o que Ele sofreu por nós".

"O sofrimento não é um valor em si.
O amor transforma todas as coisas"

Francisco lembra "uma das felicidades: 'Felizes aqueles que choram, porque serão consolados'". Com esta "palavra profética Jesus se refere a uma condição da vida terrena que não falta a ninguém. Há quem chore porque não tem saúde, quem chore porque está sozinho ou incompreendido... Os motivos do sofrimento são muitos. Jesus experimentou deste modo a aflição e a humilhação. Colheu os sofrimentos humanos, assumiu-os em sua carne, viveu-os profundamente um a um. Conheceu todos os tipos de aflição, as morais e físicas: provou a fome e o cansaço, a amargura da incompreensão, foi traído e abandonado, flagelado e crucificado". Mas atenção: "Dizendo 'felizes os que choram', Jesus não pretende declarar feliz uma condição desfavorável e grave da vida. O sofrimento não é um valor em si mesmo, mas uma realidade que Jesus nos ensina a viver com atitude justa". Existem, de fato, maneiras certas e maneiras erradas de viver a dor e o sofrimento. Um comportamento errado "é o de viver a dor de modo passivo, deixando-se ir por inércia e renunciando. A reação da rebelião e da rejeição não é um comportamento correto. Jesus nos ensina a viver a dor aceitando a realidade da vida com confiança e esperança, pondo o amor de Deus e do próximo também no sofrimento". É muito difícil, mas, desta forma, antes ou depois, "o amor transforma todas as coisas", assegura Jorge Mario Bergoglio.

FONTES:
Homilia na Casa Santa Marta em 8 de outubro de 2015.
Audiência aos Silenciosos da Cruz e ao Centro Voluntários do Sofrimento, 17 de maio de 2014.

ESPERANÇA. SEMPRE

"Como encontrá-la? Menos novelas e mais Evangelho"

Jesus transmite muito mais que pensamentos positivos: a "esperança". Precisa-se, porém, escutá-lo por meio do Evangelho, em vez de perder tempo com as "novelas" e as "fofocas dos vizinhos". Somente a contemplação cotidiana da Palavra de Deus ajuda a ter a "verdadeira" esperança. O Pontífice convida a pegar e ler o Evangelho todos os dias, mesmo que somente por dez minutos, para conversar com o Senhor, em vez de assistir à televisão ou escutar as fofocas do vizinho.

Encontra-se a esperança mantendo "fixo o olhar em Jesus". Papa Bergoglio se baseia no fragmento da Carta aos Hebreus que insiste na esperança: sem escutar Deus pode-se talvez "ter otimismo, sermos positivos", mas a esperança "se aprende olhando para Jesus". O Papa concentra sua reflexão sobre a "oração de contemplação", observando que "é bom rezar o Rosário todos os dias", falar "com o Senhor, quando tenho uma dificuldade, ou com Nossa Senhora ou com todos os Santos". Mas é importante a "oração de contemplação", que pode ser recitada somente "com o Evangelho nas mãos". "Como faço a contemplação com o Evangelho de hoje? Vejo que Jesus estava no meio da multidão, e em torno dele havia uma multidão. Nesse trecho, a palavra "multidão" vem mencionada cinco vezes. Mas Jesus não descansava? Eu posso pensar: 'Sempre com a multidão...' Mas a maior parte da vida de Jesus é passada na estrada, com a multidão. Mas não descansava? Sim, uma vez, diz o Evangelho, enquanto dormia na barca, mas veio uma tempestade e os discípulos o acordaram (cf. Mc 4,39-40). Jesus estava continuamente entre as pessoas"; então, deve-se olhar Cristo "assim, contemplo Jesus, imagino Jesus assim. E digo a Jesus o que me vem à mente em dizer-lhe".

O Filho de Deus percebe uma mulher doente que no meio da multidão o havia tocado: "Não somente entende a multidão, como também a sente": sente e consegue distinguir "o bater do coração de cada um de nós, de cada um. Cuida de todos e de cada um, sempre!" O mesmo ocorre quando o líder da sinagoga vai "contar-lhe sobre a pequena filha gravemente doente: e Ele deixa tudo e se compromete com isso". O Pontífice imagina o que acontece naqueles momentos: o Filho de Deus chega à casa, as mulheres choram pela morte da menina, mas o Senhor as tranquiliza e as pessoas zombam dele. Nota-se a "paciência de Jesus". Em seguida, depois da ressurreição da menina, Cristo, em vez de afirmar "Força Deus!", diz a eles: "Por favor, dai de comer".

Jesus tem sempre "os pequenos detalhes diante dele" nitidamente. O "que eu fiz, com este Evangelho – reflete o Papa – é exatamente a oração de contemplação: pegar o Evangelho, ler e imaginar o que acontece e falar com Jesus, como me vem ao coração".

Com isso "nós fazemos crescer a esperança, porque temos fixo, mantemos fixo o olhar em Jesus. Eis o conselho papal: "Mas tenho tanto a fazer!' Mas em sua casa, quinze minutos, pegue o Evangelho, um trecho pequeno, imagine o que aconteceu e fale com Jesus sobre aquilo. Assim seu olhar será fixo em Jesus e não tanto na novela, por exemplo. Seu ouvido se fixará nas palavras de Jesus e não tanto nas fofocas do vizinho, da vizinha..."

Assim a oração de contemplação "nos ajuda na esperança. Viver da substância do Evangelho. Rezar sempre!" O Papa exorta a "fazer as orações, rezar o Rosário, falar com o Senhor, mas também fazer esta oração de contemplação para manter nosso olhar fixo em Jesus": disso "vem a esperança", e "nossa vida cristã se move naquela moldura, entre memória e esperança". Memória "de todo o caminho passado, de tantas graças recebidas do Senhor. E esperança, olhando o Senhor, que é o único que pode me dar a esperança".

FONTES:
Homilia na Casa Santa Marta, em 3 de fevereiro de 2015 e 31 de março de 2014.

FIXEMOS NA MEMÓRIA AS BELEZAS DO NOSSO CAMINHO

Lembrar sempre as coisas belas de Deus na própria vida

"Fixar na memória" o que acontece de alegre nos próprios dias. O cristão lembra sempre os gestos, as circunstâncias, as "coisas belas e grandes", nos quais sentiu Deus presente e na ajuda, porque isto "faz bem ao coração" e reforça o caminho da fé. Sugere papa Francisco. Para o Pontífice, crer é um caminho que, enquanto se cumpre, as ações devem sempre ser memorizadas, as "coisas belas" que Deus realizou ao longo do percurso assim como os obstáculos, as rejeições, porque o Senhor "caminha conosco e não se assusta com nossas maldades".

É precioso "voltar atrás para ver como Deus nos salvou, percorrer – com o coração e com a mente – a estrada com a memória e assim chegar a Jesus. E o mesmo Cristo, "no maior momento da sua vida –

Quinta e Sexta, na Ceia –, deu-nos seu Corpo e seu Sangue e disse: 'Fazei isso em memória de mim'. Em memória de Jesus. Ter memória de como Deus nos salvou".

De fato não é por acaso que a Igreja define "memorial" o sacramento da Eucaristia, assim como na Bíblia o de Deuteronômio é o Livro da memória de Israel".

Portanto, todos os homens devem "fazer o mesmo", recomenda o Bispo de Roma, em "nossa vida pessoal", porque "cada um de nós fez uma estrada, acompanhado por Deus, perto de Deus" ou "afastando-se do Senhor".

Encontro para agradecimento

O Papa assegura: "Faz bem ao coração cristão ter na memória a minha estrada, a própria estrada: como o Senhor me conduziu até aqui, como me levou pela mão. E as vezes em que eu disse ao Senhor: 'Não! Afasta-te! Não quero!' O Senhor respeita. É respeitoso! Mas tenha na memória, seja consciente da própria vida e do próprio caminho". E precisa "retomar isso e falar frequentemente. 'Naquele tempo Deus me deu essa graça e eu respondi assim fiz isso, aquilo, aquilo... Acompanhou-me...' E assim chegamos a um novo encontro, ao encontro da gratidão".

Jesus está perto de nós, sempre, de qualquer maneira e mesmo com nossas portas fechadas

Assim, do coração, deve surgir um "obrigado" a Jesus, que jamais para de caminhar "em nossa história". E "quantas vezes – constata com amargura Francisco – fechamos a porta em sua cara, quantas vezes fingimos não vê-lo, não acreditamos que Ele estaria conosco. Quantas vezes renegamos sua salvação..."; mas apesar de tudo isso, "Ele estava ali".

A memória "nos aproxima a Deus. A memória daquela obra que Deus fez em nós". O Papa recapitula: "Aconselho isto: memória das coisas boas e grandes que o Senhor fez na vida de cada um de nós".

Fontes:
Homilia na Casa Santa Marta em 21 de abril de 2016.

VAMOS AONDE DEUS REALMENTE SE MANIFESTA: NA MISSA

Na igreja "não olhemos o relógio, esperando que termine a celebração

Vamos redescobrir a presença real de Deus na Missa, durante a qual se entra no mistério do Senhor. A celebração litúrgica "não é um ato social – determina Francisco –, um bom ato social; não é uma reunião dos fiéis para rezarem juntos. É uma outra coisa. Na liturgia, Deus está presente". Na Missa "a presença do Senhor é real, muito real: quando nós celebramos a Missa, nós não fazemos uma representação da Última Ceia: não, não é uma representação. É uma outra coisa: é exatamente a Última Ceia. É realmente viver outra vez a Paixão e a morte redentora do Senhor". É a manifestação de Deus que "se faz presente no altar para ser oferecido ao Pai pela salvação do mundo". Bergoglio sustenta: "Nós sentimos ou dizemos: 'Mas eu não posso, agora, tenho que ir à Missa, tenho que ir e ouvir a Missa'. A Missa não se 'ouve', participa-se, e participa-se deste mistério da presença do Senhor em nós".

Francisco especifica que o presépio, a Via Crucis são representações, enquanto a Missa, ao contrário, "é uma comemoração real, isto é, uma teofania: Deus se aproxima e está conosco, e nós participamos do mistério da Redenção".

Acontece que durante a Missa se olha o relógio, "contamos os minutos": mas isto "não é uma atitude que a liturgia solicita: a liturgia é tempo de Deus e espaço de Deus, e nós devemos nos colocar ali, no tempo de Deus, no espaço de Deus e não olhar o relógio".

A liturgia é "entrar realmente no mistério de Deus, deixar-se conduzir ao mistério e estar no mistério. É o tempo de Deus, é o espaço de Deus, é a nuvem de Deus que envolve a todos".

Celebrar a liturgia é ter disponibilidade de entrar no mistério de Deus, e confiar "nesse mistério".

Para Francisco "nos fará bem pedir ao Senhor que dê a todos nós este 'sentido do sagrado', este sentido que nos faz entender que uma coisa é rezar em casa, rezar na igreja, rezar o Rosário, rezar muitas lindas orações, fazer a Via Crucis, muitas lindas coisas, ler a Bíblia... e outra coisa é a celebração eucarística". Porque na celebração "entramos no mistério de Deus, naquela estrada que nós não podemos controlar: é somente Ele o Único, Ele a glória, Ele o poder, Ele é tudo".

"Crianças na Missa? Vamos deixá-las livres"

A Igreja não ensina. De fato não é católico. É até "heresia", pregar o conceito "isto ou nada". Precisa livrar-se daquele idealismo rígido que não permite reconciliar--se. É o aviso que lança papa Francisco, acentuando o "realismo saudável" que Deus ensina aos discípulos. O Pontífice, além disso, adverte que as pessoas de Igreja que se comportam de modo contrário ao que dizem produzem um grande mal ao povo de Deus.

Papa Bergoglio fala comentando a exortação de Jesus: "Vossa justiça deve superar a dos escribas e dos fariseus" (cf. Mt 5,20). O povo, observa o Pontífice, é "um pouco descuidado" porque "aqueles que ensinavam a lei não eram coerentes" em seu "testemunho de vida". Cristo convida, portanto, a superar tudo isso, a "ir em frente", a crescer. E cita o primeiro Mandamento: "Amar a Deus e ao próximo". Em seguida, esclarece que quem se enfurece contra o próprio irmão deve ser submetido ao juízo divino. Porque insultar o irmão é como dar um tapa em sua alma: "E faz tão bem sentirmos isso, neste tempo em que nós estamos habituados a essas características e temos um vocabulário tão criativo para insultar os outros". Exclama o Papa: insultar o irmão é "pecado", é "matar", é "dar um tapa em sua dignidade".

Usa também a ironia o Bispo de Roma, destacando que frequentemente se pronunciam palavrões "com produndidade, mas os dizemos aos outros".

Referindo-se à presença das crianças na Missa, pede aos adultos para estarem "tranquilos, porque o sermão de uma criança na igreja é mais bonito do que aquele do padre, do bispo e do Papa". Exorta a deixarem livres as crianças, que são "a voz da inocência que faz bem a todos".

O Filho de Deus pede a "este povo desorientado" para olhar "para cima" e ir "em frente". Francisco neste ponto denuncia o contra-testemunho dos cristãos: "Quantas vezes nós na Igreja ouvimos estas coisas: quantas vezes! 'Mas aquele padre, aquele homem, aquela mulher da Ação Católica, aquele bispo, aquele Papa nos dizem: *Vocês devem fazer assim!*', e ele faz o contrário. Isso é o escândalo que fere o povo e não deixa o povo de Deus crescer, ir em frente. Não o deixa livre". De fato, "este povo – acrescenta – tinha visto a rigidez destes escribas e fariseus e também quando vinha um profeta que lhes dava um pouco de alegria o perseguiam e também o matavam: não havia lugar, para os profetas, ali. E Jesus lhes diz, aos fariseus: 'Vós matastes os profetas, perseguistes os profetas: aqueles que traziam novo ar'".

Livremo-nos da rigidez da lei: ela causa danos

Os desejos de Cristo são "a generosidade e a santidade" das pessoas em todos os tempos e lugares. São alcançadas de um modo: "Elevar-se sempre, estar sempre para cima. Elevar-se". Eis a "libertação" da "rigidez da lei e também dos idealismos que não nos fazem bem".

Pensar "ou isto, ou nada" não é católico, é heresia

Jorge Mario Bergoglio adverte: Jesus "nos conhece bem, conhece nossa natureza" e exorta a estar de acordo, quando existem contrastes com os outros. "Jesus – esclarece – nos ensina também um realismo saudável. Não se pode chegar, muitas vezes, à perfeição, mas ao menos façam o que puderem, estejam de acordo".

"Este realismo saudável da Igreja católica – especifica –; a Igreja católica nunca ensina 'ou isto, ou aquilo'. Aquilo não é católico."

Ao contrário "a Igreja diz: 'Isso e isso'. 'Alcance a perfeição: reconcilie-se com o seu irmão. Não o insulte. Ame-o. Mas se existe algum problema, ao menos esteja de acordo, para que não cause uma guerra'. Este é realismo saudável do catolicismo. Não é católico – adverte – o discurso 'ou isto, ou nada': não é católico. É heresia".

Jesus caminha "sempre conosco, dá a nós o ideal, acompanha-nos rumo ao ideal, livra-nos deste aprisionamento rígido da lei e nos diz: 'Mas façam tudo o que puderem fazer'. E Ele nos entende bem. É este o nosso Senhor, é isto o que nos ensina".

Deus pede também para não sermos hipócritas: para não o louvarmos com a mesma língua com a qual se insulta o irmão: "Façam o que puderem, é a exortação de Jesus, ao menos evitem a guerra entre vocês, estejam de acordo".

A santidade das negociações

Francisco acrescenta uma "palavra que parece um pouco estranha: é a pequena santidade das negociações. 'Mas não posso tudo, mas quero fazer tudo, mas estou de acordo com você, ao menos não nos insultemos, não façamos guerra e vivamos todos em paz'. Jesus é grande! Livra-nos de todas as nossas misérias. Também daquele idealismo que não é católico".

Fontes:
Homilia na Casa Santa Marta, em 10 de fevereiro de 2014 e 9 de junho de 2016.

REZAR, REZAR, REZAR, MESMO QUANDO PARECE INÚTIL

Vamos repreender a Deus

É fundamental não abandonar a oração, "jamais, mesmo quando parece inútil rezar". Para Francisco a oração é uma luta com Deus. É necessário rezar com liberdade e constância, inclusive com insistência, como em uma conversa franca com um amigo. E assim a oração permite conhecer melhor como Deus realmente é. O Pontífice se concentra na conversa de Moisés com Deus no Monte Sinai: o Senhor quer punir seu povo porque idolatraram o bezerro de ouro (cf. Êx 32,11-14). O profeta então reza com determinação, a fim de que repense sobre isso: "Esta oração – diz Bergoglio – é uma verdadeira luta com Deus. Uma luta do líder do povo para salvar seu povo, que é o povo de Deus. E Moisés fala abertamente diante do Senhor e nos ensina como rezar, sem medo, livremente, também com insistência. Moisés insiste. É corajoso". Eis que "a oração deve ser" também um "negociar com Deus", acerca de "argumentações".

A cena se conclui com Moisés que convence o Senhor, e Deus "se arrependeu do mal que tinha ameaçado de fazer a seu povo". Francisco se pergunta: "Mas quem mudou, aqui? O Senhor mudou? Eu creio que não". Quem mudou foi Moisés, "porque acreditava que o Senhor teria feito isto, acreditava que o Senhor teria destruído o povo e ele busca, em sua memória, o fato de o Senhor ter sido bom com seu povo, como o tinha tirado da escravidão do Egito e seguido em frente com uma promessa. E com estas argumentações, procura convencer a Deus, mas neste processo ele reencontra a memória de seu povo, e encontra a misericórdia de Deus". Portanto Moisés, "que tinha medo, medo de que Deus fizesse isso, ao fim desce do monte com algo grande no coração: nosso Deus é misericordioso. Sabe perdoar. Volta atrás nas decisões. É um Pai". Moisés "sabia mais ou menos" de tudo isso, "de modo obscuro, e na oração o reencontra. É isso o que faz a oração em nós: muda nosso coração".

"A oração muda o coração – adverte –. Faz-nos entender melhor como é nosso Deus". Eis por que é importante falar com o Senhor, porém não com "palavras vazias – diz Jesus: 'Como fazem os pagãos'. Não, não: falar com a realidade: 'Mas, olha, Senhor, tenho este problema, na família, com meu filho, com isso, com aquilo outro... O que se pode fazer? Mas olha, tu não podes me deixar assim!' Esta é a oração!" Quanto tempo nos toma esta oração?"; efetivamente nos toma muito, mas vale a pena, porque é um tempo crucial para conhecer melhor o Senhor, como acontece com um amigo. "A Bíblia diz que Moisés falava com o Senhor cara a cara, como com um amigo. Assim deve ser a oração: livre, insistente, com argumentações. E mesmo repreendendo um pouco o Senhor: 'Mas tu me prometeste isso, e não fizeste...', assim, como se fala com um amigo. Abrir o coração a esta oração".

Moisés desceu do monte "revigorado – lembra Bergoglio –; 'Conheci um pouco mais do Senhor'; e retoma seu trabalho de conduzir o povo rumo à Terra Prometida com a força que a oração lhe havia dado". Isso se realiza porque "a oração revigora: revigora".

"Rezemos com o coração, não como papagaios"

Para conhecer Jesus não basta o estudo, não bastam as ideias, mas é preciso rezar com o coração, celebrá-lo e imitá-lo. Francisco convida continuamente a ler o Evangelho, que às vezes em nossas casas está cheio de pó porque não fica aberto.

Comentando a afirmação de Jesus "eu sou o caminho, a verdade e a vida", o Papa observa que "o conhecimento de Jesus é o trabalho mais importante de nossa vida". Mas "como podemos conhecer Jesus? Alguém dirá: 'Estudando, padre. Deve-se estudar muito!' Isso é verdade! Devemos estudar o catecismo, é verdade", mas o estudo não basta: "Alguns têm esta fantasia com as ideias, somente as ideias nos levarão ao conhecimento de Jesus. Alguns dos primeiros cristãos também pensavam assim". Ao contrário, "as ideias sozinhas não dão vida e quem vai por esta estrada de ideias isoladas termina em um labirinto e não sai mais! É por isso que desde o início da Igreja, existem as heresias. As heresias são isto: buscar entender com nossa mente e com nossa luz somente quem é Jesus. Um grande escritor inglês dizia que a heresia é uma ideia que se tornou maluca. É assim! Quando as ideias estão sozinhas tornam-se malucas... Esse não é o caminho!"

Segundo o Papa, para conhecer Jesus precisa-se abrir três portas: "Primeira porta: rezar para Jesus. Saibam que o estudo sem oração não serve. Rezar para Jesus para melhor conhecê-lo. Os grandes teólogos fazem teologia de joelhos. Rezar para Jesus! E com o estudo, com a oração nos aproximamos um pouco... Mas sem oração jamais conheceremos Jesus. Jamais! Jamais!" Segunda porta: "Celebrar Jesus. Não basta a oração, é necessária a alegria da celebração. Celebrar Jesus em seus Sacramentos, porque ali nos dá a vida, a força, a refeição, o conforto, a aliança, a missão. Sem a celebração dos Sacramentos não chegamos a conhecer Jesus. Isso é justamente da Igreja: a celebração". Terceira: "Imitar Jesus. Pegar o Evangelho, o que Ele fez, como era sua vida, o que nos disse, o que nos ensinou, e procurar imitá-lo. Entrar por estas portas", segundo Francisco, quer dizer "entrar no mistério de Jesus".

Somente "se somos capazes de entrar em seu mistério podemos conhecer Jesus". Não devemos "ter medo" de "entrar no mistério de Jesus. Isto significa rezar, celebrar e imitar. E assim encontraremos o caminho para ir pela verdade e pela vida".

Então, "podemos, durante o dia, pensar em como vai a porta da oração em minha vida: mas a oração do coração", que não é a "do papagaio! A do coração" a qual diz: "Como está? Como está a celebração cristã em minha vida? E como está a imitação de Jesus em minha vida? Como posso imitá-lo? Realmente não se lembra! Porque o Livro do Evangelho está cheio de pó, porque jamais é aberto! Pegue o Livro do Evangelho, abra-o e você encontrará o modo como imitar Jesus! Pensemos em como estão essas três portas em nossa vida e fará bem a todos".

Fontes:
Tweet@Pontifex em 18 de agosto de 2016.
Homilia na Casa Santa Marta em 16 de maio de 2014, 3 de abril de 2014.

NÓS SOMOS BEZERROS; OS PADRES, AS VACAS

"Incomodem bispos e padres
como os bezerros com as vacas"

Uma vez Francisco leu "algo muito bonito sobre como o povo de Deus ajuda os bons pastores, escrito por Cesario di Arles, um padre dos primeiros séculos, sobre como o povo deve ajudar o pastor, e o santo dava este exemplo: quando o bezerrinho tem fome vai até a vaca para tomar leite, mas a vaca não lhe dá rapidamente, parece que mantém o leite para si, e o que faz o bezerrinho? Bate com o focinho nas mamas"; e assim, "diz este santo, vocês devem estar com seus pastores, para que lhes ofereçam algo"; o Papa pede em alto tom para "importunar e incomodar todos nós, os pastores, para que lhes deem o leite da graça, da doutrina da orientação".

FONTES:
Regina Coeli, em 11 de maio de 2014.

UM ENCONTRO MARCADO TODOS OS DIAS: O EVANGELHO

Vamos lê-lo no ônibus, quando não temos a necessidade de defender os bolsos

Escutamos "radio, tv, fofocas das pessoas, escutamos tantas coisas, mas tomamos um pouco de tempo para escutar as palavras de Jesus?" Geralmente não. Portanto, Francisco, "precisa pedir a graça para não ter vergonha da fé", adverte Bergoglio. E nem preguiça.

Francisco sugere levar sempre um Evangelho consigo, também no ônibus, para ler todos os dias a Palavra de Deus. "Com certeza, no ônibus somos forçados – brinca – a manter o equilíbrio e também a defender os bolsos. Mas se você está sentado pode ler algumas palavras do Evangelho".

Uma outra graça a pedir é "a purificação de nossos olhos, hoje vemos tantas coisas que são contra Jesus, coisas mundanas que não fazem bem à luz da alma e acabamos na escuridão interior".

O Pontífice prepara um *vademecum*[6] para os fiéis. Quais são as principais tarefas do cristão? A Missa dominical? O jejum? A abstinência? Não – afirma – a primeira tarefa é escutar a Palavra de Deus que torna mais forte e robusta nossa fé". Bergoglio representa em poucas linhas a entrevista com um penitente: "Mas padre – diz dirigindo-se a si mesmo no lugar do interlocutor imaginário – eu escuto tanto. Você escuta sim, sim, mas o quê? As fofocas das pessoas, a tv, a rádio", é a resposta do Papa. "Tomemos todos os dias um pouco de tempo para escutar a palavra de Jesus, em casa temos o Evangelho para alimentar-nos: é o alimento mais forte para a alma. Devemos ocupar todos os dias alguns minutos para nos nutrirmos com a Palavra do Evangelho. Que o Evangelho esteja sempre conosco".

Portanto, o conselho é de levar consigo no bolso ou na bolsa um pequeno Evangelho para ler uma passagem todos os dias. Papa Francisco lembra também comentando o trecho evangélico da Transfiguração que descreve a oração de Jesus sobre a montanha junto a Pedro, Tiago e João. Do alto ressoa a voz do Pai que proclama Jesus seu Filho predileto, dizendo: "Escutai-o" (cf. Mc 9,7). "É muito importante este convite do Pai – comenta Bergoglio –. Nós, discípulos de Jesus, somos chamados a sermos pessoas que escutam sua voz e tomam seriamente suas palavras".

Isso é "importante: nosso Pai disse a estes apóstolos e nos diz: 'Escutai Jesus!' Temos esta palavra na mente e no coração, Escutai Jesus! E não é o Papa quem diz, é, sim, Deus Pai..."

---

[6] N.T.: *Vademecum* corresponde a um formulário ou uma guia contendo as informações mais importantes de um argumento, científico ou artístico.

Para escutar Jesus precisa "segui-lo, como faziam as multidões do Evangelho que o seguiam pelas estradas da Palestina. Jesus não era formado na universidade, nem tinha um púlpito permanente, mas era um mestre itinerante, que propunha seus ensinamentos ao longo das estradas, percorrendo trajetos nem sempre previsíveis e, às vezes, pouco fáceis".

Escutamos Jesus também "em sua palavra escrita, ou seja, no Evangelho. Faço-lhes uma pergunta: vocês leem todos os dias uma passagem do Evangelho?... alguns sim, outros não? É uma coisa boa ter um pequeno Evangelho e levá-lo conosco no bolso, na bolsa, e ler uma passagem em qualquer momento do dia: e ali está Jesus que nos fala. Pensem, é fácil, nem precisa ter todos os quatro Evangelhos, basta um..."

Fontes:
Visita à paróquia em Setteville de Guidonia (Roma), 16 de março de 2014.
Angelus, em 16 de março de 2104.
Regina Coeli, em 4 de maio de 2014.

NÃO ÀS CARTOMANTES, MAS AS BEM-AVENTURANÇAS

"Não aos videntes,
para não errar sigamos a Deus!"

Somente seguindo Jesus não erramos o caminho na vida. Assegura papa Francisco, que sublinha como o "Bom Pastor" corresponde à única porta que pode dar acesso à existência eterna. Portanto, adverte o Pontífice, não precisamos confiar em supostos videntes e cartomantes, porque conduzem a um caminho falso e errado.

Papa Bergoglio se concentra em três realidades fundamentais para a vida do cristão.

Antes de tudo, Cristo adverte que "quem não entra no recinto das ovelhas pela porta" mas por uma outra parte "é um ladrão e um bandido". A porta é só uma, Ele, "não há nenhuma outra".

O Filho de Deus, "sempre falava às pessoas com imagens simples: todas aquelas pessoas sabiam como era a vida de um pastor, porque a via todos os dias"; assim, as pessoas compreendiam que "somente se entra pela porta do recinto das ovelhas". Aqueles que tentam entrar por uma outra parte, ao contrário, são delinquentes: "Assim de forma clara fala o Senhor. Não se pode entrar na vida eterna por uma parte que não seja a porta, isto é, que não seja a de Jesus. É a porta da nossa vida e não somente da vida eterna, mas também da nossa vida cotidiana. Esta decisão, por exemplo, eu a tomo em nome de Jesus, pela porta de Jesus, ou a tomo um pouco – digamos em uma linguagem simples – tomo-a de contrabando? Somente se entra no recinto pela porta, que é de Jesus!"

O caminho é "seguir Jesus" na "vida de todos dos dias". Precisa não cometer erros: "ele vai à frente e nos ensina o caminho. Quem segue Jesus não erra!", garante o Papa, que, em seguida, observa: "'É, padre, sim, mas as coisas são difíceis... Tantas vezes eu não vejo claramente o que fazer... Me disseram que lá havia uma vidente e fui lá; fui à taróloga[7], que me virou as cartas...' – 'Se você fez isso, você não segue Jesus! Você segue alguém que lhe mostra um outro caminho, diferente. Ele, Jesus, é quem indica o caminho. Não há outro alguém que possa indicar o caminho'". Jesus "nos avisou: 'Virão outros que dirão: o caminho do Messias é este, este... Não escutem! (cf. Mt 24,4-5) Não os ouça. O caminho sou Eu!' Jesus é a porta e também caminho. Se o seguimos, não vamos errar".

---

[7] N.A.: Cartomante.

O Bispo de Roma acentua a voz do Bom Pastor: "As ovelhas o seguem porque conhecem sua voz". Mas, pergunta-se Francisco, como se pode conhecer a voz de Jesus, e também defender-se "da voz dos que não são Jesus, que entram pela janela, que são bandidos, que destroem, que enganam?"

Eis como: "'Eu lhe vou ditar a receita, simples. Você vai encontrar a voz de Jesus nas Bem-Aventuranças. Qualquer um que lhe ensinar uma estrada contrária às Bem-Aventuranças é um que entrou pela janela: não Jesus!' Segundo: 'Você conhece a voz de Jesus? Você pode conhecê-la quando falar de obras de misericórdia. Por exemplo, no capítulo 25 de São Mateus: *Se alguém lhe diz o que Jesus diz ali, é a voz de Jesus*'. E terceiro: 'Você pode conhecer a voz de Jesus quando lhe ensinarem a dizer *Pai*, ou seja, quando lhe ensinar a rezar o Pai-nosso'".

Para Francisco é "assim fácil a vida cristã", e Cristo é "a porta; Ele nos guia no caminho e nós conhecemos sua voz nas Bem-Aventuranças, nas obras de misericórdia e quando nos ensina a dizer 'Pai'".

FONTES:

Homilia na Casa de Santa Marta em 18 de abril de 2016.

FELICIDADE: TODOS A PROCURAM, MAS SOMENTE DEUS A PODE CONCEDER

Entretanto, quem engana e espalha discórdia não é feliz

A enciclopédia Wikipédia online define felicidade como estado de ânimo positivo de quem tem satisfeitos todos os seus desejos. Na etimologia "felicidade deriva de felicitas, cuja raiz 'fé' significa abundância, riqueza, prosperidade". Suas características "são variáveis de acordo com a entidade que a experimenta (serenidade, contentamento, excitação, otimismo, afastamento de qualquer desejo)". O homem, desde sempre, procura esse estado, e existe uma alta percentagem de variações subjetivas, mas todas identificadas em torno de emoções e sensações do corpo e do intelecto que buscam bem-estar e alegria para um período mais longo da vida. Porém, para quem acredita em Deus, estas últimas palavras não correspondem à realidade: porque Cristo "promete" a felicidade absoluta e eterna, que supera o tempo e o espaço. Que supera a morte.

O papa Francisco não deixa de lembrar e explica que, entretanto, a felicidade é alcançada por quem é simples, humilde, sereno, sabe chorar, trabalhar pela justiça e pela paz, deixa-se perdoar por Deus para se tornar instrumento de sua misericórdia. Estas são indicações dadas pelo papa Francisco baseadas no Evangelho das Bem-Aventuranças (cf. Mt 5,1-9). Ele reflete sobre a cena de Jesus "que ensina aos discípulos e à multidão reunida na montanha perto do lago da Galileia. A palavra do senhor ressuscitado e vivo indica também a nós, ainda hoje, o caminho para alcançar a verdadeira Bem-Aventurança, o caminho que conduz ao Céu. É um caminho difícil de compreender porque vai contra a corrente; mas o Senhor nos diz que quem vai por este caminho é feliz, cedo ou tarde se torna feliz".

Este é o *vademecum* evangélico interpretado pelo papa Francisco.

Felizes os pobres de espírito

"'Felizes os pobres de espírito, porque deles é o reino dos Céus'. Podemos nos perguntar – observa – como pode ser feliz uma pessoa pobre de coração, aquela cujo único tesouro é o Reino dos Céus. A razão é exatamente esta: tendo o coração despojado e livre de tantas coisas mundanas, esta pessoa é 'esperada' no Reino dos Céus".

Felizes os que choram

"'Felizes os que choram, porque serão consolados'. Como podem ser felizes aqueles que choram? – pergunta o Papa –. E mais, quem na vida já não experimentou a tristeza, a angústia, a dor, não conhecerá jamais a força da consolação". Felizes podem ser "todos que têm capacidade de comover-se, capacidade de sentir no coração a dor da própria vida e da vida dos outros. Estes serão felizes. Porque a terna mão de Deus Pai os consolará e os acariciará".

Felizes os mansos

"'Felizes os mansos'. E nós, ao contrário, – revela – quantas vezes somos impacientes, nervosos, sempre prontos a nos lamentarmos! Sempre fazendo exigências aos outros, mas quando cabe a nós, levantamos a voz, como se fôssemos os donos do mundo, enquanto na realidade somos todos filhos de Deus". O papa Bergoglio nos convida a pensar "naquela mãe e naquele pai que são pacientes com os filhos que 'os enlouquecem'. Este é o caminho do Senhor: o caminho da mansidão e da paciência" Jesus, filho de Deus, "percorreu este caminho: desde pequeno suportou perseguição e exílio; e depois, já adulto, calúnia, armadilhas, falsas acusações em tribunais; e tudo suportou com mansidão"; e por fim "a cruz".

Feliz quem tem fome e sede de justiça

"'Felizes aqueles que têm fome e sede de justiça, porque serão saciados'. Sim, eles têm um forte senso de justiça – destaca – e não só com os outros, mas antes de tudo consigo mesmos. Estes serão saciados, porque estão dispostos a acolher a maior justiça, aquela que só Deus pode dar".

Feliz quem perdoa

Principalmente, "'felizes os misericordiosos, porque encontrarão misericórdia'. Felizes os que sabem perdoar, que têm misericórdia para com os outros, que não julgam tudo e todos, mas procuram colocar-se no lugar dos outros". Porque o perdão "é algo de que todos necessitamos, ninguém está isento. Por isso, ao início da Missa nos reconhecemos por aquilo que somos, isto é, pecadores. E não se trata de um modo de dizer, uma formalidade: é um ato de verdade! 'Senhor, eis-me aqui, tenha piedade de mim'". E se somos capazes de "perdoar aos que nos pedem perdão, somos felizes. Como dizemos no 'Pai-nosso', perdoai as nossas ofensas assim como nós perdoamos a quem nos tem ofendido'".

Feliz quem semeia a paz

"'Felizes os que promovem a paz, porque serão chamados filhos de Deus'. Olhemos o rosto dos que andam semeando a discórdia. São felizes? Aqueles que sempre procuram oportunidades para enganar, para se aproveitar dos outros, são felizes? Não, não podem ser felizes". Ao contrário "aqueles que todos os dias, com paciência, tentam espalhar a paz, são os construtores da paz, da reconciliação, estes, sim, são felizes, porque são verdadeiros filhos do nosso Pai do Céu, que sempre semeia a paz, a tal ponto que mandou seu Filho como semente de Paz para a humanidade".

Este é "o caminho para a santidade, e é o mesmo caminho para a felicidade", destaca Francisco. É o caminho percorrido por Jesus, ou melhor: "É Ele mesmo o caminho: quem caminha com Ele e segue por meio dele entra na vida, na vida eterna".

A felicidade não é um aplicativo que se baixa no celular

"Não se contentem em ir vivendo, tenham coragem de sonhar." Francisco, referindo-se especialmente aos jovens, como um avô sábio e carinhoso – exclama: A felicidade de vocês não tem preço e não se comercializa: não é um 'aplicativo' que se baixa no celular: nem mesmo a versão mais atual poderá ajudá-los a se tornarem livres e imensos no amor". De fato, "amar livremente é querer bem sem ser possessivo: amar a pessoa sem a querer como propriedade, mas deixando-a livre", aconselha. "O verdadeiro amigo de Jesus se distingue acima de tudo pelo amor concreto, não por um amor nas nuvens. Aquele que não é concreto, fala de amor como nas telenovelas e fotonovelas – sublinha o Papa –. Amor concreto como o dos pais de vocês que renunciam, quem sabe, a uma viagem para ficar com vocês".

Jorge Mario Bergoglio identifica o amor como um dom próprio. "Liberdade não é poder fazer sempre o que me agrada: isso acaba me fechando, distante, impede de ser amigo aberto e sincero; não é verdade que quando eu estou bem tudo vai bem. É preciso saber dizer não – adverte. A liberdade, ao contrário, é o dom de poder escolher o bem: é livre quem escolhe o bem, quem procura o que agrada a Deus, mesmo que seja cansativo. Só com uma escolha corajosa se realizam os grandes sonhos, aqueles para os quais vale a pena investir a vida. Não se contente com a mediocridade, com 'ir levando a vida' sentado comodamente".

"Vamos escancarar a porta de Jesus e seremos felizes! Eu lhes asseguro"

"Quantas vezes sentimos a necessidade de uma mudança que envolva toda a nossa pessoa!" Nesta situação, basta observar que Jesus está "ao nosso lado com a mão estendida" e diz: "O trabalho eu faço, mudarei seu coração, irei fazê-lo feliz". É necessário, portanto, "escancarar a porta". Garante papa Francisco.

"Depois da ressurreição – recorda – Jesus apareceu várias vezes aos discípulos, antes de subir à glória do Pai". No Evangelho de Lucas, lê-se sobre "uma das aparições, no qual o Senhor indica o conteúdo fundamental da pregação que os apóstolos deverão oferecer ao mundo. Podemos sintetizá-la com duas palavras: 'conversão' e 'perdão dos pecados'. São dois aspectos qualificadores da misericórdia de Deus que com amor, cuida de nós".

Acima de tudo, a conversão está "presente em toda a Bíblia, e de modo particular na pregação dos profetas, que convidam continuamente o povo a 'se dirigir ao Senhor' pedindo-lhe perdão e mudando o estilo de vida". Para os profetas, converter-se quer dizer "mudar a direção da marcha e voltar-se para o Senhor, baseando-se na certeza de que Ele nos ama e que seu amor é sempre fiel. Voltar ao Senhor!", portanto.

O Filho de Deus "fez da conversão a primeira palavra em sua pregação: 'Convertei-vos e acreditai no Evangelho'. Isto é, olhem para trás e convertam-se". Exatamente com estas palavras Cristo se apresenta, pedindo para acolher "sua palavra como a última e definitiva que o Pai pronunciou à humanidade".

Jesus insiste especialmente "na dimensão interior da conversão. Para Ele, toda a pessoa está envolvida, em coração e mente, para se tornar uma criatura nova".

Mas quando Cristo convida para a conversão, "não se ergue para julgar as pessoas – pontua Francisco –

mas faz isso a partir da aproximação, do compartilhamento da condição humana, e portanto da estrada, da casa, do alimento..." Então, "a misericórdia com relação aos que tinham necessidade de mudar de vida, acontecia com sua presença amável, para envolver cada um em sua história de salvação". Jesus "persuadia as pessoas com amabilidade, com amor". E com "isso este seu comportamento tocava profundamente o coração das pessoas e sentiam-se atraídas pelo amor de Deus e forçadas a mudarem de vida".

Em seguida, o Bispo de Roma ressalta que "a verdadeira conversão ocorre quando acolhemos o dom da graça"; e existe um "sinal claro de sua autenticidade: percebemos a necessidade dos irmãos e estamos prontos a encontrá-los".

Quantas vezes nós sentimos "a necessidade de uma mudança que envolva toda a nossa pessoa! Mas quantas vezes nos dizemos: 'Tenho que mudar, eu não posso continuar assim. Minha vida, por esta estrada, não dará fruto, será uma vida inútil e eu não serei feliz'. Mas quantas veem estes pensamentos, hein? Quantas vezes". Porém o filho de Deus, "perto de nós, com a mão estendida nos diz: 'Mas venha: venha até mim. O trabalho eu faço. Eu mudarei seu coração. Eu mudarei sua vida, Eu farei você feliz'". O Pontífice se pergunta: "Mas nós acreditamos nisso ou não? Cremos ou não? O que vocês pensam: acreditam nisso ou não? É assim! E Jesus que está conosco nos convida a mudar de vida. É Ele, com o Espírito Santo, que semeia esta inquietude para mudar de vida e sermos um pouco melhores".

Francisco encoraja a seguir "este convite do Senhor" e a não pôr "resistências, porque somente se nos abrimos para sua misericórdia, nós encontramos a verdadeira vida e a verdadeira alegria".

Portanto, em prática, basta somente "escancarar a porta e ele faz todo o resto". Cristo faz tudo, mas tem que "abrir bem o coração para que Ele possa cuidar e levar-nos em frente. Asseguro-lhes que seremos mais felizes".

Fontes:
Homilia de Todos os santos de 2015.
Missa do Jubileu dos adolescentes, 24 de abril de 2016.
Audiência jubilar, em 18 de junho de 2016.
Angelus, em 14 de dezembro de 2014.

ÍNDICE

FSC
www.fsc.org
MISTO
Papel produzido a partir de fontes responsáveis
FSC® C132240

A marca FSC® é a garantia de que a madeira utilizada na fabricação do papel deste livro provém de florestas que foram gerenciadas de maneira ambientalmente correta, socialmente justa e economicamente viável.

Este livro foi composto com as famílias tipográficas Calibri, Segoe, Times New Roman e Trajan Pro e impresso em papel Pólen Bold 70g/m² pela **Gráfica Santuário.**